NOUVELLE BIBLIOTHÈQUE CLASSIQUE

DES ÉDITIONS JOUAUST

OEUVRES POÉTIQUES

DE

N. BOILEAU

Suivies d'*Œuvres en prose*

PUBLIÉES AVEC NOTES ET VARIANTES

PAR P. CHÉRON

TOME PREMIER

PARIS
LIBRAIRIE DES BIBLIOPHILES
Rue Saint-Honoré, 338

M DCCC LXXVI

ŒUVRES POÉTIQUES

DE

N. BOILEAU

Il a été imprimé, en sus du tirage ordinaire :

500 exemplaires sur papier de Hollande (n°s 61 à 560).
 30   —   sur papier de Chine (n°s 1 à 30).
 30   —   sur papier Whatman (n°s 31 à 60).
560 exemplaires, numérotés.

Il a été fait en outre un tirage en GRAND PAPIER (format in-8°), ainsi composé :

170 exemplaires sur papier de Hollande (n°s 31 à 200).
 15   —   sur papier de Chine (n°s 1 à 15).
 15   —   sur papier Whatman (n°s 16 à 30).
200 exemplaires, numérotés.

Tous les exemplaires de ce dernier tirage sont ornés d'un PORTRAIT.

OEUVRES POÉTIQUES

DE

N. BOILEAU

Suivies d'Œuvres en prose

PUBLIÉES AVEC NOTES ET VARIANTES

PAR P. CHÉRON

TOME PREMIER

PARIS
LIBRAIRIE DES BIBLIOPHILES
Rue Saint-Honoré, 338

M DCCC LXXVI

INTRODUCTION

NICOLAS BOILEAU *naquit à Paris le 1ᵉʳ novembre 1636, rue de Jérusalem, en face de la maison où devait naître Voltaire. C'est pour se distinguer de ses frères qu'il ajouta à son nom celui de Despréaux.*

Il était le quinzième et avant-dernier enfant de Gilles Boileau, greffier de la grand'chambre au Parlement de Paris. Son père, déjà vieux, qui devint veuf dix-huit mois plus tard, le fit élever à la campagne par une domestique ignorante et d'un mauvais caractère, à laquelle il dut une enfance sans bonheur et sans joie. Il commença ses études au collège de Beauvais, mais il lui fallut les interrompre pour subir à onze ans l'opération de la pierre ; il les termina au collège d'Harcourt.

Il fit ensuite sa théologie en Sorbonne pour obéir

à son père, qui le destinait à l'état ecclésiastique. Il s'en dégoûta bientôt, et le 4 décembre 1656 il se faisait recevoir avocat, en cela plus fidèle à l'esprit de sa famille qu'à son goût propre. En effet, quand il perdit son père, en 1657, il abandonna la robe et suivit le penchant naturel qui l'entraînait vers la poésie, les romans et les compositions littéraires. Il sut arranger son petit patrimoine, qui était de 12,000 écus environ, de façon à n'avoir jamais besoin pour vivre de recourir au produit de sa plume.

Boileau, pris dès le collége de cette passion de la littérature, avait entrepris en quatrième d'écrire une tragédie, mais le goût de la satire l'entraîna bientôt, et il s'y livra tout entier. Les méchants écrits et les vices de ses contemporains devinrent pour lui des ennemis qu'il poursuivit sans relâche. Malgré la renommée et les succès des auteurs qu'il attaquait, le public fut bientôt de son avis, et l'on peut dire avec raison qu'il a formé le goût des bons esprits de son temps. Quelle preuve, d'ailleurs, du pouvoir de sa raison sur les contemporains que de voir la publication de l'ARRÊT BURLESQUE arrêter l'Université sur le point de présenter requête au Parlement contre la philosophie de Descartes !

Boileau n'est pas, comme on l'a trop dit, le législateur du Parnasse, il en est plutôt le policier, et la postérité a ratifié les exclusions qu'il a prononcées. Quel est en effet celui des auteurs condamnés par Boileau qu'on lit encore aujourd'hui ? Est-ce Chapelain, Cotin, Coras, Pinchesne, Le Pays, Cassandre, de Pure, Quinault, Pelletier, Voiture, les Scudéri, que M. Cousin essaya en vain de réhabiliter? A notre époque, où l'on réimprime tant d'auteurs anciens, Saint-Amand est presque la seule des victimes de Boileau qui se soit vue revivre dans une édition nouvelle.

Il a fait une guerre acharnée au burlesque, qui ne s'est jamais relevé des coups qu'il lui a portés. Si Scarron survit, c'est par le ROMAN COMIQUE. C'est en haine du burlesque que Boileau composa LE LUTRIN, application si heureuse de la forme la plus grave au sujet le plus comique.

Cet homme si sévère dans ses écrits était de relations douces et bienveillantes, très-différent en cela de son ami Racine. En dépit de son humeur un peu sérieuse, il se montrait bon, généreux, sans envie, et gai dans l'intimité. Les réunions de Boileau avec Molière, La Fontaine, Racine, Chapelle, dans sa petite maison d'Auteuil, sont restées célèbres, et La Fontaine en a immortalisé le souvenir dans sa PSYCHÉ.

Boileau, prodigue de conseils envers ses amis, recevait volontiers les leurs et en tenait compte. Son dévouement pour eux était absolu; Patru, Molière, La Fontaine, Racine, qui ne se fit pas faute de le blesser, éprouvèrent la valeur de son amitié; il s'est reconcilié avec quelques-uns de ses ennemis, il est mort sans avoir perdu un seul ami.

C'est seulement en 1669 que Boileau, qui avait déjà écrit neuf satires, deux épîtres, une ode, le DISCOURS AU ROI, le DISCOURS SUR LA SATIRE et quelques-unes de ses petites pièces, fut présenté à Louis XIV. A la Cour il garda, comme partout, son caractère indépendant, disant sans aucun ménagement ce qu'il croyait être la vérité, et il resta trente ans en faveur sans avoir une seule fois abdiqué sa franchise. Il ne complimenta jamais Louis XIV que de ses belles actions, et, au milieu de la gloire militaire de son règne, il eut le rare courage de lui conseiller de renoncer à la guerre pour ne s'occuper que de la réforme des lois. Aussi ses ennemis, Cotin, Desmarets, Pinchesne, lui reprochèrent-ils de ne pas assez louer le roi. Louis XIV avait, du reste, la plus haute estime pour le caractère de Boileau, et il lui en donna une grande preuve en tolérant son amitié pour Arnauld et pour Port-Royal, dont tous les ennemis se trouvent ridiculisés dans LE LUTRIN.

En octobre 1677, Boileau fut nommé historiographe, avec Racine. Sa nouvelle fonction, quoiqu'il n'ait rien écrit, ne fut pas tout à fait une sinécure, car elle lui donna de nombreuses préoccupations, et l'obligea de faire quelques voyages à la suite du Roi.

En 1683, à la mort de Colbert, Boileau fut le concurrent de son ami La Fontaine à l'Académie. La Fontaine l'emporta, mais son élection ne fut approuvée par le roi qu'en 1684, lorsque Boileau vint prendre le fauteuil de M. de Bezons. Boileau ne fut pas très-assidu aux réunions de la docte assemblée, où il pouvait encore rencontrer bien des auteurs qu'il avait attaqués, et puis il se sentait déjà bien vieux pour les plus jeunes de ses collègues. Du reste, il n'approuvait guère la nature des travaux auxquels se livrait l'Académie, qu'il aurait voulu voir s'occuper surtout à donner de bonnes éditions des classiques.

Peu après, Louvois fit entrer Boileau à la Petite Académie, devenue plus tard l'Académie des Inscriptions. Il en fut un membre très-zélé et surtout très-utile, en ramenant à la simplicité le style ampoulé des inscriptions alors en usage.

Cependant Boileau vieillissait, et avec la vieillesse venaient les infirmités. Un asthme, compliqué d'une extinction de voix, l'avait fait se mettre entre les mains de Fagon, qui, après l'avoir soumis inutilement à un traitement par le lait d'ânesse, l'envoya en 1687 prendre les eaux de Bourbon. Il ne paraît pas qu'elles lui aient fait grand bien. Il fut très-sensible à l'intérêt que prirent à sa santé, pendant son absence, le Roi, Madame de Maintenon et Louvois, intérêt dont Racine lui transmit l'expression.

C'est en cette même année 1687 que s'éleva la fameuse querelle des anciens et des modernes, à laquelle Boileau prit une part si active.

L'Académie française, le 27 janvier 1687, après avoir assisté à un Te Deum d'action de grâces envers Dieu, qui avait rendu la santé au Roi, tint une séance pendant laquelle Charles Perrault lut son poëme LE SIÈCLE DE LOUIS LE GRAND, où il attaque et malmène volontiers les auteurs de l'antiquité. L'impatience de Boileau, en l'écoutant, était si visible qu'elle servit de modèle à Molière pour peindre Alceste dans la même situation. Il se sentait blessé à la fois dans sa respectueuse *admiration pour des ouvrages qui lui étaient sacrés, et dans son bon goût de poëte qui condamnait les vers de Perrault. Boileau ne put s'empêcher de se servir de ses armes ordinaires pour défendre ses chers anciens, et en un instant tout le monde des lettres fut en feu.*

Il n'a pas fallu moins d'un gros volume à M. Rigault pour raconter l'histoire de cette guerre, qui fit noircir tant de papier et dont la trace se retrouve dans les épigrammes de Boileau.

Quand parut la satire X sur les femmes (1694), Charles Perrault en publia une contre-partie, L'APOLOGIE DES FEMMES, *qu'il fit parvenir à Arnauld, réfugié à Bruxelles. Arnauld écrivit à Perrault une lettre toute à la louange de Boileau, et dont celui-ci ressentit un bien sensible plaisir, si l'on en juge par le ton de sa réponse, où éclate la plus vive reconnaissance. A la suite de cette correspondance, Arnauld s'entremit pour mettre fin à ces échanges d'hostilités, et Boileau et Perrault se réconcilièrent quatre jours avant la mort d'Arnauld (8 août 1694), qui n'eut pas le temps d'en avoir connaissance. Dans la lettre que Boileau écrivit à Perrault, quatre ans plus tard, en 1700, on lit :*
« ... *Il ne nous reste donc plus maintenant, pour assurer notre accord et pour étouffer en nous toute semence de dispute, que de nous guérir l'un et l'autre : vous d'un penchant un peu trop fort à rabaisser les bons écrivains de l'antiquité, et moi d'une inclination un peu trop violente à blâmer les méchants et même les médiocres auteurs de notre siècle. C'est à quoi*

nous devons sérieusement nous appliquer... » Puis il supprima dans la satire X le portrait de Perrault, et ils restèrent réconciliés jusqu'à la mort de celui-ci.

Malgré l'amitié réciproque de Boileau et des Pères les plus considérables de la Compagnie de Jésus, Bourdaloue, Bouhours, Gaillard, le P. de La Chaise, les jésuites ne purent lui pardonner sa liaison avec Arnauld ni son admiration pour Pascal. Le journal de Trévoux prit parti contre Boileau dans la querelle des anciens et des modernes, et les attaques s'y succédèrent à peu près sans relâche. Boileau leur répondit par des épigrammes, et enfin par la dernière et la plus faible de ses satires, qu'il ne put parvenir à publier de son vivant.

Les infirmités, jointes au spectacle attristant des dernières années du règne de Louis XIV, firent à Boileau une vieillesse pleine de chagrins. Il mourut le 13 mars 1711, chez son confesseur, le chanoine Le Noir, au cloître Notre-Dame, où il s'était retiré après avoir vendu, à la fin de 1705, sa maison d'Auteuil à son ami Le Verrier.

Il fut inhumé dans la chapelle basse de la Sainte-Chapelle du Palais. Le 27 nivôse an VIII (17 janvier 1800), ses restes furent transportés au Musée des Petits-Augustins, et enfin, le 14 juillet 1819, à l'abbaye de Saint-Germain des Prés.

Le XVIIIe siècle a été peu favorable à Boileau. D'Alembert est bien froid pour lui; Voltaire le loue et le blâme tour à tour, sans qu'on puisse bien saisir quelle est au juste son opinion; Marmontel lui reconnaît quelques qualités ; Mercier, Dorat-Cubières, sont sans pitié pour lui. Ce n'est qu'à la fin du siècle que Laharpe se fait son apologiste. Mais c'est à la naissance de l'école romantique que Boileau eut à subir les plus rudes attaques ; il ne trouva de défenseurs que parmi des écrivains dont il aurait été l'ennemi acharné s'il avait vécu de leur temps. Ses adversaires valaient plus et mieux que ses partisans, et pourtant il a fini par en triompher : pas un de ses jugements n'est maintenant frappé d'appel, et le grand critique du XIXe siècle, qui le rudoyait un peu en 1829, lui a rendu en 1852 une éclatante justice.

L'édition dont nous reproduisons ici le texte est la dernière parue du vivant de Boileau ; elle a pour titre : ŒUVRES DIVERSES DU SIEUR BOILEAU DESPRÉAUX, AVEC LE TRAITÉ DU SUBLIME... Nouvelle édition, reveuë et augmentée. Paris, Denys Thierry, 1701. Elle forme un volume in-4° en deux parties ; la première de 13 feuillets non chiffrés et de 446 pages ; la deuxième de 200 pages et 3 feuillets non chiffrés, avec 3 estampes. Il n'y a pas d'achevé d'imprimer.

Il a paru la même année et chez le même libraire une autre édition en deux volumes in-12 ; il résulte de la Correspondance de Boileau avec Brossette que l'édition in-4° a paru à la fin de mars et l'in-12 quatre mois plus tard. Ces deux éditions sont les premières auxquelles Boileau ait mis son nom. A la suite d'un examen attentif des deux textes, nous avons pris le parti de préférer l'édition in-4°. Il résulte en effet de cet examen que l'édition in-12, publiée postérieurement, renferme de nombreuses négligences d'impression qui ne sont pas dans l'in-4°.

Nous avons respecté scrupuleusement l'orthographe du texte et son accentuation, en ajoutant des accents sur les finales toutes les fois que le sens ou la prononciation l'exigent; mais nous avons dû en modifier la ponctuation, qui va, dans son incorrection, jusqu'à dénaturer parfois le sens. Dans l'emploi des majuscules, nous nous sommes conformé à l'usage actuel. Comme nous ne publions que les ŒUVRES POÉTIQUES de Boileau, nous avons laissé de côté le TRAITÉ DU SUBLIME et emprunté à d'autres éditions les quelques pièces qui ont paru postérieurement. On trouvera en note, pour chacune d'elles, la date de première publication et l'indication du texte suivi.

Quoique Boileau n'ait eu qu'une part très-discutable à l'édition de 1713, publiée deux ans après sa mort par son ami Valincour et l'abbé Renaudot, nous avons cru devoir lui emprunter celles des notes qui paraissent être de Boileau lui-même; il n'y a pas, d'ailleurs, de doute à cet égard pour la partie de l'édition dont les manuscrits subsistent encore.

Enfin, nous n'avons pris dans les éditions antérieures à 1701 que les variantes qui portent au moins sur un hémistiche. Il aurait été certainement possible de relever toutes les variantes de mots; mais, outre qu'elles n'offrent en général que très-peu d'intérêt, elles sont beaucoup trop nombreuses. Nous avons réuni dans les notes des renseignements aussi exacts que possible, quoique très-succincts, sur les personnes et les choses dont parle Boileau. Ce travail est loin d'être complet; mais, pour lui donner toute l'importance désirable, il nous eût fallu beaucoup plus d'espace que n'en comportait le cadre de cette édition.

Paul Chéron.

OEUVRES POÉTIQUES

PREFACE

COMME c'est icy vrai-semblablement la derniere édition de mes ouvrages que je reverrai, et qu'il n'y a pas d'apparence qu'âgé comme je suis de plus de soixante et trois ans, et accablé de beaucoup d'infirmités, ma course puisse estre encore fort longue, le public trouvera bon que je prenne congé de luy dans les formes, et que je le remercie de la bonté qu'il a euë d'acheter tant de fois des ouvrages si peu dignes de son admiration. Je ne sçaurois attribuer un si heureux succez qu'au soin que j'ay pris de me conformer toûjours à ses sentimens et d'attraper, autant qu'il m'a esté possible, son goust en toutes choses. C'est effectivement à quoy il me semble que les écrivains ne sçauroient trop s'étudier. Un ouvrage a beau estre approuvé d'un petit nombre de connoisseurs, s'il n'est plein d'un certain agrément et d'un certain sel propre à piquer le goust general des hommes, il ne passera jamais pour un bon ouvrage, et il faudra à la fin que les connoisseurs eux-mesmes avouënt qu'ils se sont trompés en luy donnant leur approbation. Que si on me demande ce que c'est que cet agrément et ce sel, je répondray que c'est un je ne sçay quoy qu'on peut beaucoup mieux sentir que dire. A mon avis, neanmoins, il consiste principalement à ne jamais presenter au lecteur que des pensées vraies et des expressions justes. L'esprit de l'homme est naturellement plein d'un nombre infini d'idées confuses du vrai, que souvent il n'entrevoit qu'à demi, et rien ne lui est plus agreable que lorsqu'on luy offre quelqu'une de ces idées bien éclaircie et mise dans un beau jour. Qu'est-ce qu'une pensée neuve, brillante, extraordinaire? Ce n'est point, comme se le persuadent les ignorans, une pensée que personne n'a jamais euë ni dû avoir. C'est au contraire une pensée qui a dû venir à tout le monde, et que quelqu'un s'avise le premier d'exprimer. Un bon mot n'est bon mot qu'en ce qu'il dit une chose que chacun pensoit, et qu'il la dit d'une maniere vive, fine et nouvelle. Considerons, par exemple, cette replique si fameuse de Loüis douziéme à ceux de ses ministres qui luy conseilloient de *faire punir plusieurs personnes qui, sous le regne precedent et lorsqu'il n'estoit encore que duc d'Orleans, avoient pris à tâche de le desservir.* « Un roy de France, *leur répondit-il,* ne venge point les injures d'un duc d'Orleans. » *D'où vient que ce mot frappe d'abord? N'est-il pas aisé de voir que c'est parce qu'il presente aux yeux une verité que tout le monde sent, et qu'il dit mieux que tous les plus beaux discours de morale,* « qu'un grand prince, lorsqu'il est une fois sur le thrône, ne doit plus agir par des mouvemens particuliers, ni avoir d'autre veuë que la gloire et le bien general de son Estat? » *Veut-on voir, au contraire, combien une pensée fausse est froide et puerile? je ne sçaurois rapporter un exemple qui le fasse mieux sentir que deux vers du poëte Theophile, dans sa tragedie intitulée,* Pyrâme et Thysbé, *lorsque cette malheureuse amante, ayant ramassé le poignard encore tout sanglant dont Pyrâme s'estoit tué, elle querelle ainsi ce poignard :*

> Ah ! voici le poignard qui du sang de son maistre
> S'est soüillé lâchement. Il en rougit, le traître !

Toutes les glaces du Nord ensemble ne sont pas, à mon sens, plus froides que cette pensée. Quelle extravagance, bon Dieu! de vouloir que la rougeur du sang dont est teint le poignard d'un homme qui vient de *s'en tuer lui-mesme soit un effet de la honte qu'a ce poignard de l'avoir tué? Voici encore une pensée qui n'est pas moins fausse ni par consequent moins froide. Elle est de Benserade, dans ses Métamorphoses en rondeaux, où, parlant du déluge envoyé par les dieux pour châtier l'insolence de l'homme, il s'exprime ainsi :*

Dieu lava bien la teste à son image.

Peut-on, à propos d'une aussi grande chose que le déluge, dire rien de plus petit ni de plus ridicule que ce quolibet, dont la pensée est d'autant plus fausse en toutes manieres que le dieu dont il s'agit à cet endroit, c'est Jupiter, qui n'a jamais passé chez les payens pour avoir fait l'homme à son image, l'homme, dans la fable, estant, comme tout le monde sçait, l'ouvrage de Promethée.

Puis donc qu'une pensée n'est belle qu'en ce qu'elle est vraye, et que l'effet infaillible du vray, quand il est bien énoncé, c'est de frapper les hommes, il s'ensuit que ce qui ne frappe point les hommes n'est ni beau ni vray, ou qu'il est mal énoncé; et que, par consequent, un ouvrage qui n'est point goûté du public est un tres-méchant ouvrage. Le gros des hommes peut bien, durant quelque temps, prendre le faux pour le vrai, et admirer de mé-

chantes choses; mais il n'est pas possible qu'à la longue une bonne chose ne luy plaise, et je deffie tous les auteurs les plus mécontens du public de me citer un bon livre que le public ait jamais rebutté, à moins qu'ils ne mettent en ce rang leurs écrits, de la bonté desquels eux seuls sont persuadez. J'avouë neamoins, et on ne le sçauroit nier, que quelquefois, lors que d'excellens ouvrages viennent à paroistre, la caballe et l'envie trouvent moyen de les rabbaisser et d'en rendre en apparence le succez douteux; mais cela ne dure guéres, et il en arrive de ces ouvrages comme d'un morceau de bois qu'on enfonce dans l'eau avec la main : il demeure au fond tant qu'on l'y retient, mais bien-tost, la main venant à se lasser, il se releve et gagne le dessus. Je pourois dire un nombre infini de pareilles choses sur ce sujet, et ce seroit la matiere d'un gros livre; mais en voilà assez, ce me semble, pour marquer au public ma reconnoissance et la haute idée que j'ay de son goust et de ses jugemens.

Parlons maintenant de mon édition nouvelle. C'est la plus correcte qui ait encore paru; et non seulement je l'ay revûë avec beaucoup de soin, mais j'y ay retouché de nouveau plusieurs endroits de mes ouvrages. Car je ne suis point de ces auteurs fuians la peine, qui ne se croient plus obligez de rien racom-

moder à leurs écrits dés qu'ils les ont une fois donnez au public. Ils alleguent, pour excuser leur paresse, qu'ils auroient peur, en les trop remaniant, de les affoiblir et de leur oster cet air libre et facile qui fait, disent-ils, un des plus grands charmes du discours; mais leur excuse, à mon avis, est tres-mauvaise. Ce sont les ouvrages faits à la hâte, et, comme on dit, au courant de la plume, qui sont ordinairement secs, durs et forcés. Un ouvrage ne doit point paroistre trop travaillé; mais il ne sçauroit estre trop travaillé, et c'est souvent le travail même qui en le polissant luy donne cette facilité tant vantée qui charme le lecteur. Il y a bien de la difference entre des vers faciles et des vers facilement faits. Les écrits de Virgile, quoi qu'extraordinairement travaillez, sont bien plus naturels que ceux de Lucain, qui écrivoit, dit-on, avec une rapidité prodigieuse. C'est ordinairement la peine que s'est donnée un auteur à limer et à perfectionner ses écrits qui fait que le lecteur n'a point de peine en les lisant. Voiture, qui paroist si aisé, travailloit extrêmement ses ouvrages. On ne voit que des gens qui font aisément des choses mediocres; mais des gens qui en fassent, même difficilement, de fort bonnes, on en trouve tres-peu.

Je n'ay donc point de regret d'avoir encore employé quelques-unes de mes veilles à rectifier mes écrits dans cette nouvelle édition, qui est, pour ainsi dire, mon édition favorite. Aussi y ai-je mis mon nom, que je m'estois abstenu de mettre à toutes les autres. J'en avois ainsi usé par pure modestie; mais aujourd'huy que mes ouvrages sont entre les mains de tout le monde, il m'a paru que cette modestie pouroit avoir quelque chose d'affecté. D'ailleurs j'ai esté bien aise, en le mettant à la teste de mon livre, de faire voir par là quels sont précisément les ouvrages que j'avoüe, et d'arrêter, s'il est possible, le cours d'un nombre infini de méchantes piéces qu'on répand par tout sous mon nom, et principalement dans les provinces et dans les païs étrangers. J'ay mesme, pour mieux prévenir cet inconvenient, fait mettre au commencement de ce volume une liste exacte et detaillée de tous mes écrits, et on la trouvera immediatement après cette préface. Voilà de quoy il est bon que le lecteur soit instruit.

Il ne reste plus presentement qu'à luy dire quels sont les ouvrages dont j'ay augmenté ce volume. Le plus considerable est une onziéme satire que j'ay tout recemment composée et qu'on trouvera à la suite des dix précedentes. Elle est addressée à monsieur de Valincour, mon illustre associé à l'Histoire. J'y traite du vrai et du faux honneur, et je l'ai composée avec le même soin que tous mes autres écrits. Je ne sçau-

rois pourtant dire si elle est bonne ou mauvaise, car je ne l'ai encore communiquée qu'à deux ou trois de mes plus intimes amis, à qui même je n'aỳ fait que la reciter fort vîte, dans la peur qu'il ne luy arrivast ce qui est arrivé à quelques autres de mes pieces, que j'ai vû devenir publiques avant même que je les eusse mises sur le papier, plusieurs personnes à qui je les avois dites plus d'une fois les ayant retenuës par cœur et en ayant donné des copies. C'est donc au public à m'apprendre ce que je dois penser de cet ouvrage, ainsi que de plusieurs autres petites pieces de poësie qu'on trouvera dans cette nouvelle édition, et qu'on y a mêlées parmi les épigrammes qui y étoient déja. Ce sont toutes bagatelles que j'ai la plûpart composées dans ma premiere jeunesse; mais que j'ay un peu rajustées pour les rendre plus supportables au lecteur. J'y ai fait aussi ajoûter deux nouvelles lettres. L'une que j'écris à monsieur Perrault, et où je badine avec luy sur nôtre démêlé poëtique, presque aussi-tost éteint qu'allumé. L'autre est un remercîment à M. le comte d'Ericeyra au sujet de la traduction de mon Art Poëtique faite par luy en vers portugais, qu'il a eu la bonté de m'envoyer de Lisbonne avec une lettre et des vers françois de sa composition, où il me donne des loüanges tres-delicates, et ausquelles il ne manque que d'estre ap-

pliquées à un meilleur sujet. J'aurois bien voulu pouvoir m'acquitter de la parole que je luy donne à la fin de ce remercîment, de faire imprimer cette excellente traduction à la suitte de mes poësies; mais malheureusement un de mes amis, à qui je l'avois prestée, m'en a égaré le premier chant, et j'ay eu la mauvaise honte de n'oser r'écrire à Lisbonne pour en avoir une autre copie. Ce sont-là à peu prés tous les ouvrages de ma façon, bons ou méchans, dont on trouvera ici mon livre augmenté. Mais une chose qui sera seurement agreable au public, c'est le present que je luy fais dans ce mesme livre de la lettre que le celebre monsieur Arnaud a écrite à monsieur P** à propos de ma dixiéme satire, et où, comme je l'ay dit dans l'Epistre à mes Vers, il fait en quelque sorte mon apologie. J'ay mis cette lettre la derniere de tout le volume, afin qu'on la trouvast plus aisément. Je ne doute point que beaucoup de gens ne m'accusent de temerité, d'avoir osé associer à mes écrits l'ouvrage d'un si excellent homme; et j'avouë que leur accusation est bien fondée. Mais le moyen de resister à la tentation de montrer à toute la terre, comme je le montre en effet par l'impression de cette lettre, que ce grand personnage me faisoit l'honneur de m'estimer, et avoit la bonté « meas esse aliquid putare nugas? »

Au reste, comme, malgré une apologie si authentique et malgré les bonnes raisons que j'ai vingt fois alleguées en vers et en prose, il y a encore des gens qui traitent de médisances les railleries que j'ai faites de quantité d'auteurs modernes, et qui publient qu'en attaquant les defauts de ces auteurs je n'ai pas rendu justice à leurs bonnes qualitez, je veux bien, pour les convaincre du contraire, repeter encore ici les mêmes paroles que j'ai dites sur cela dans la préface de mes deux éditions précedentes. Les voici :
« Il est bon que le lecteur soit averti d'une chose, c'est qu'en attaquant dans mes ouvrages les defauts de plusieurs écrivains de nôtre siecle, je n'ai pas prétendu pour cela ôter à ces écrivains le merite et les bonnes qualitez qu'ils peuvent avoir d'ailleurs. Je n'ai pas prétendu, dis-je, nier que Chappelain, par exemple, quoi que poëte fort dur, n'ait fait autrefois, je ne sçai comment, une assez belle ode, et qu'il n'y ait beaucoup d'esprit dans les ouvrages de monsieur Quinaut, quoi que si éloigné de la perfection de Virgile. J'ajoûteray même, sur ce dernier, que, dans le temps où j'écrivis contre luy, nous estions tous deux fort jeunes, et qu'il n'avoit pas fait alors beaucoup d'ouvrages qui lui ont, dans la suitte, acquis une juste reputation. Je veux bien aussi avoüer qu'il y a du genie dans les

écrits de Saint-Amand, de Brebeuf, de Scuderi, de Cotin même, et de plusieurs autres que j'ay critiquez. En un mot, avec la même sincerité que j'ay raillé de ce qu'ils ont de blâmable, je suis prest à convenir de ce qu'ils peuvent avoir d'excellent. Voilà, ce me semble, leur rendre justice, et faire bien voir que ce n'est point un esprit d'envie et de médisance qui m'a fait écrire contre eux. »

Aprés cela, si on m'accuse encore de médisance, je ne sçai point de lecteur qui n'en doive aussi estre accusé, puis qu'il n'y en a point qui ne dise librement son avis des écrits qu'on fait imprimer, et qui ne se croye en plein droit de le faire du consentement même de ceux qui les mettent au jour? En effet, qu'est-ce que mettre un ouvrage au jour? N'est-ce pas, en quelque sorte, dire au public : Jugez-moy? Pourquoy donc trouver mauvais qu'on nous juge? Mais j'ai mis tout ce raisonnement en rimes dans ma neuviéme satire, et il suffit d'y renvoyer mes censeurs.

DISCOURS AU ROI

Jeune et vaillant heros, dont la haute sagesse
N'est point le fruit tardif d'une lente vieillesse,
Et qui seul, sans ministre, à l'exemple des dieux,
Soûtiens tout par toi-mesme et vois tout par tes yeux;
Grand Roi, si jusqu'ici, par un trait de prudence,
J'ai demeuré pour toy dans un humble silence,
Ce n'est pas que mon cœur, vainement suspendu,
Balance pour t'offrir un encens qui t'est dû.
Mais je sçai peu loüer, et ma muse tremblante
Fuit d'un si grand fardeau la charge trop pesante,
Et dans ce haut éclat où tu te viens offrir,
Touchant à tes lauriers, craindroit de les flétrir.
Ainsi, sans m'aveugler d'une vaine manie,
Je mesure mon vol à mon foible genie :
Plus sage en mon respect que ces hardis mortels
Qui d'un indigne encens profanent tes autels;

Qui, dans ce champ d'honneur où le gain les ameine,
Osent chanter ton nom sans force et sans haleine;
Et qui vont tous les jours, d'une importune voix,
T'ennuyer du recit de tes propres exploits.
   L'un, en stile pompeux habillant une eglogue,
De ses rares vertus te fait un long prologue,
Et mesle, en se vantant soi-mesme à tout propos,
Les loüanges d'un fat à celles d'un heros.
   L'autre, envain se lassant à polir une rime,
Et reprenant vingt fois le rabot et la lime,
Grand et nouvel effort d'un esprit sans pareil,
Dans la fin d'un sonnet te compare au soleil.
   Sur le haut Helicon, leur veine méprisée
Fut toûjours des neuf sœurs la fàble et la risée.
Calliope jamais ne daigna leur parler,
Et Pegâse pour eux refuse de voler.
Cependant, à les voir enflés de tant d'audace,
Te promettre en leur nom les faveurs du Parnasse,
On diroit qu'ils ont seuls l'oreille d'Apollon,
Qu'ils disposent de tout dans le sacré vallon.
C'est à leurs doctes mains, si l'on veut les en croire,
Que Phebus a commis tout le soin de ta gloire;
Et ton nom, du midi jusqu'à l'Ourse vanté,
Ne devra qu'à leurs vers son immortalité.
Mais plûtost, sans ce nom dont la vive lumiere
Donne un lustre éclatant à leur veine grossiere,

Ils verroient leurs écrits, honte de l'univers,
Pourir dans la poussiere à la merci des vers.
A l'ombre de ton nom ils trouvent leur asile,
Comme on void dans les champs un arbrisseau debile
Qui, sans l'heureux appui qui le tient attaché,
Languiroit tristement sur la terre couché.
 Ce n'est pas que ma plume, injuste et temeraire,
Veüille blâmer en eux le dessein de te plaire;
Et parmi tant d'auteurs, je veux bien l'avoüer,
Apollon en connoist qui te peuvent loüer.
Oui, je sçai qu'entre ceux qui t'adressent leurs veilles,
Parmi les Pelletiers on conte des Corneilles.
Mais je ne puis souffrir qu'un esprit de travers
Qui, pour rimer des mots, pense faire des vers,
Se donne en te loüant une gesne inutile.
Pour chanter un Auguste il faut estre un Virgile.
Et j'approuve les soins du monarque guerrier[1]
Qui ne pouvoit souffrir qu'un artisan grossier
Entreprist de tracer d'une main criminelle
Un portrait reservé pour le pinceau d'Apelle.
 Moi donc qui connois peu Phebus et ses douceurs,
Qui suis nouveau sevré sur le mont des neuf sœurs,
Attendant que pour toy l'âge ait mûri ma muse,
Sur de moindres sujets je l'exerce et l'amuse;

---

1. Alexandre.

Et, tandis que ton bras, des peuples redouté,
Va, la foudre à la main, rétablir l'équité,
Et retient les méchans par la peur des supplices,
Moi, la plume à la main, je gourmande les vices,
Et, gardant pour moi-mesme une juste rigueur,
Je confie au papier les secrets de mon cœur.
Ainsi, dés qu'une fois ma verve se réveille,
Comme on voit au printemps la diligente abeille
Qui du butin des fleurs va composer son miel,
Des sottises du temps je compose mon fiel.
Je vais de toutes parts où me guide ma veine,
Sans tenir en marchant une route certaine,
Et, sans gesner ma plume en ce libre métier,
Je la laisse au hazard courir sur le papier.
   Le mal est qu'en rimant, ma muse, un peu legere,
Nomme tout par son nom et ne sçauroit rien taire.
C'est là ce qui fait peur aux esprits de ce temps,
Qui, tout blancs au dehors, sont tout noirs au dedans.
Ils tremblent qu'un censeur, que sa verve encourage,
Ne vienne en ses écrits démasquer leur visage,
Et, foüillant dans leurs mœurs en toute liberté,
N'aille du fond du puits tirer la verité.
Tous ces gens, éperdus au seul nom de satire,
Font d'abord le procez à quiconque ose rire.
Ce sont eux que l'on voit, d'un discours insensé,
Publier dans Paris que tout est renversé,

Au moindre bruit qui court qu'un auteur les menace
De joüer des bigots la trompeuse grimace.
Pour eux un tel ouvrage est un monstre odieux;
C'est offenser les loix, c'est s'attaquer aux cieux.
Mais, bien que d'un faux zele ils masquent leur foiblesse,
Chacun voit qu'en effet la verité les blesse.
Envain d'un lâche orgueil leur esprit revétu
Se couvre du manteau d'une austere vertu,
Leur cœur, qui se connoist et qui fuit la lumiere,
S'il se mocque de Dieu, craint *Tartuffe* et Moliere.

 Mais pourquoi sur ce point sans raison m'écarter?
GRAND ROI, c'est mon défaut, je ne sçaurois flatter.
Je ne sçai point au ciel placer un ridicule,
D'un nain faire un Atlas, ou d'un lâche un Hercule,
Et sans cesse en esclave à la suite des grands,
A des dieux sans vertu prodiguer mon encens.
On ne me verra point d'une veine forcée,
Mesme pour te loüer, déguiser ma pensée;
Et, quelque grand que soit ton pouvoir souverain,
Si mon cœur en ces vers ne parloit par ma main,
Il n'est espoir de biens, ni raison, ni maxime,
Qui pust en ta faveur m'arracher une rime.

 Mais lorsque je te voi, d'une si noble ardeur,
T'appliquer sans relâche aux soins de ta grandeur,
Faire honte à ces rois que le travail étonne,
Et qui sont accablez du faix de leur couronne;

Quand je voi ta sagesse, en ses justes projets,
D'une heureuse abondance enrichir tes sujets,
Fouler aux pieds l'orgueil et du Tage et du Tibre,
Nous faire de la mer une campagne libre;
Et tes braves guerriers, secondant ton grand cœur,
Rendre à l'aigle éperdu sa premiere vigueur;
La France sous tes loix maistriser la fortune,
Et nos vaisseaux, domtant l'un et l'autre Neptune,
Nous aller chercher l'or, malgré l'onde et le vent,
Aux lieux où le soleil le forme en se levant :
Alors, sans consulter si Phébus l'en avouë,
Ma muse, toute en feu, me prévient et te louë.
　Mais bien-tost la raison, arrivant au secours,
Vient d'un si beau projet interrompre le cours,
Et me fait concevoir, quelque ardeur qui m'emporte,
Que je n'ai ni le ton ni la voix assez forte.
Aussi-tost je m'effraye, et mon esprit troublé
Laisse là le fardeau dont il est accablé;
Et sans passer plus loin, finissant mon ouvrage,
Comme un pilote en mer qu'épouvante l'orage,
Dés que le bord paroist, sans songer où je suis,
Je me sauve à la nage et j'aborde où je puis.

SATIRES

SATIRE I

Damon, ce grand auteur, dont la muse fertile
Amusa si long-temps et la cour et la ville,
Mais qui, n'estant vétu que de simple bureau,
Passe l'été sans linge et l'hyver sans manteau,
Et de qui le corps sec et la mine affamée
N'en sont pas mieux refaits pour tant de renommée,
Las de perdre en rimant et sa peine et son bien,
D'emprunter en tous lieux et de ne gagner rien,
Sans habits, sans argent, ne sçachant plus que faire,
Vient de s'enfuir chargé de sa seule misere,
Et bien loin des sergens, des clercs et du Palais,
Va chercher un repos qu'il ne trouva jamais,
Sans attendre qu'ici la justice ennemie
L'enferme en un cachot le reste de sa vie,

Ou que d'un bonnet vert le salutaire affront
Flétrisse les lauriers qui lui couvrent le front.
  Mais le jour qu'il partit, plus défait et plus blême
Que n'est un penitent sur la fin d'un carême,
La colere dans l'ame et le feu dans les yeux,
Il distila sa rage en ces tristes adieux :
  Puisqu'en ce lieu, jadis aux Muses si commode,
Le merite et l'esprit ne sont plus à la mode,
Qu'un poëte, dit-il, s'y voit maudit de Dieu,
Et qu'ici la vertu n'a plus ni feu ni lieu,
Allons du moins chercher quelque antre ou quelque roche
D'où jamais ni l'huissier ni le sergent n'approche;
Et, sans lasser le Ciel par des vœux impuissans,
Mettons-nous à l'abri des injures du temps,
Tandis que, libre encor malgré les destinées,
Mon corps n'est point courbé sous le faix des années,
Qu'on ne voit point mes pas sous l'âge chanceler,
Et qu'il reste à la Parque encor dequoy filer.
C'est là dans mon malheur le seul conseil à suivre.
Que George vive ici, puisque George y sçait vivre,
Qu'un million comptant, par ses fourbes acquis,
De clerc, jadis laquais, a fait comte et marquis.
Que Jaquin vive ici, dont l'adresse funeste
A plus causé de maux que la guerre et la peste,
Qui de ses revenus, écrits par alphabet,
Peut fournir aisément un calepin complet.

Qu'il regne dans ces lieux, il a droit de s'y plaire.
Mais moi, vivre à Paris, eh! qu'y voudrois-je faire?
Je ne sçai ni tromper, ni feindre, ni mentir,
Et quand je le pourois, je n'y puis consentir.
Je ne sçai point en lâche essuyer les outrages
D'un faquin orgueilleux qui vous tient à ses gages,
De mes sonnets flateurs lasser tout l'univers,
Et vendre au plus offrant mon encens et mes vers.
Pour un si bas emploi ma muse est trop altiere.
Je suis rustique et fier, et j'ai l'ame grossiere.
Je ne puis rien nommer, si ce n'est par son nom.
J'appelle un chat un chat, et Rolet un fripon.
De servir un amant je n'en ai pas l'adresse,
J'ignore ce grand art qui gagne une maîtresse,
Et je suis à Paris, triste, pauvre et reclus,
Ainsi qu'un corps sans ame ou devenu perçlus.

 Mais pourquoi, dira-t-on, cette vertu sauvage
Qui court à l'hospital et n'est plus en usage?
La richesse permet une juste fierté,
Mais il faut estre souple avec la pauvreté.
C'est par là qu'un auteur, que presse l'indigence,
Peut des astres malins corriger l'influence,
Et que le sort burlesque, en ce siecle de fer,
D'un pédant, quand il veut, sçait faire un duc et pair.
Ainsi de la vertu la fortune se jouë.
Tel aujourd'hui triomphe au plus haut de sa rouë,

Qu'on verroit, de couleurs bizarrement orné,
Conduire le carrosse où l'on le voit traîné,
Si dans les droits du Roi sa funeste science
Par deux ou trois avis n'eust ravagé la France.
Je sçai qu'un juste effroi, l'éloignant de ces lieux,
L'a fait pour quelques mois disparoistre à nos yeux;
Mais envain pour un temps une taxe l'exile :
On le verra bien-tost pompeux en cette ville,
Marcher encor chargé des dépoüilles d'autrui,
Et joüir du Ciel mesme, irrité contre lui;
Tandis que Colletet, crotté jusqu'à l'échine,
S'en va chercher son pain de cuisine en cuisine,
Sçavant en ce métier si cher aux beaux esprits
Dont Monmaur autrefois fit leçon dans Paris.
 Il est vrai que du Roi la bonté secourable
Jette enfin sur la Muse un regard favorable,
Et, reparant du sort l'aveuglement fatal,
Va tirer desormais Phebus de l'hospital.
On doit tout esperer d'un monarque si juste.
Mais, sans un Mecenas, à quoi sert un Auguste?
Et, fait comme je suis, au siecle d'aujourd'hui,
Qui voudra s'abaisser à me servir d'appui?
Et puis, comment percer cette foule effroiable
De rimeurs affamez dont le nombre l'accable,
Qui, dés que sa main s'ouvre, y courent les premiers,
Et ravissent un bien qu'on devoit aux derniers,

Comme on voit les frelons, troupe lâche et sterile,
Aller piller le miel que l'abeille distile?
Cessons donc d'aspirer à ce prix tant vanté
Que donne la faveur à l'importunité.
Saint-Amand n'eut du Ciel que sa veine en partage :
L'habit qu'il eut sur lui fut son seul heritage,
Un lit et deux placets composoient tout son bien,
Ou, pour en mieux parler, Saint-Amand n'avoit rien.
Mais quoi, las de traîner une vie importune,
Il engagea ce rien pour chercher la fortune,
Et, tout chargé de vers qu'il devoit mettre au jour
Conduit d'un vain espoir, il parut à la cour.
Qu'arriva-t-il enfin de sa muse abusée?
Il en revint couvert de honte et de risée ;
Et la fiévre au retour, terminant son destin,
Fit par avance en lui ce qu'auroit fait la fajm.
Un poëte à la cour fut jadis à la mode ;
Mais des fous aujourd'hui c'est le plus incommode ;
Et l'esprit le plus beau, l'auteur le plus poli
N'y parviendra jamais au sort de l'Angeli.

 Faut-il donc desormais joüer un nouveau rôle?
Dois-je, las d'Apollon, recourir à Bartole,
Et, feüilletant Loüet allongé par Brodeau,
D'une robbe à longs plis balayer le barreau?
Mais, à ce seul penser, je sens que je m'égare
Moi? que j'aille crier dans ce païs barbare,

Où l'on voit tous les jours l'innocence aux abois
Errer dans les détours d'un dédale de lois,
Et, dans l'amas confus des chicanes énormes,
Ce qui fut blanc au fond rendu noir par les formes;
Où Patru gagne moins qu'Uot et le Mazier,
Et dont les Cicerons se font chez Pé-Fournier?
Avant qu'un tel dessein m'entre dans la pensée,
On pourra voir la Seine à la Saint-Jean glacée,
Arnauld à Charenton devenir huguenot,
Saint-Sorlin janseniste, et Saint-Pavin bigot.

Quittons donc pour jamais une ville importune
Où l'Honneur est en guerre avecque la Fortune;
Où le vice orgueilleux s'érige en souverain,
Et va la mitre en teste et la crosse à la main;
Où la science, triste, affreuse et délaissée,
Est par tout des bons lieux comme infame chassée;
Où le seul art en vogue est l'art de bien voler;
Où tout me choque; enfin, où.... Je n'ose parler.
Et quel homme si froid ne seroit plein de bile
A l'aspect odieux des mœurs de cette ville?
Qui pourroit les souffrir? et qui, pour les blâmer,
Malgré Muse et Phebus n'apprendroit à rimer?
Non, non, sur ce sujet, pour écrire avec grace,
Il ne faut point monter au sommet du Parnasse,
Et, sans aller rêver dans le double vallon,
La colere suffit et vaut un Apollon.

Tout beau, dira quelqu'un, vous entrez en furie.
A quoi bon ces grands mots? Doucement, je vous prie;
Ou bien montez en chaire, et là, comme un docteur,
Allez de vos sermons endormir l'auditeur.
C'est là que, bien ou mal, on a droit de tout dire.

Ainsi parle un esprit qu'irrite la satire,
Qui contre ses defaux croit estre en seureté,
En raillant d'un censeur la triste austerité;
Qui fait l'homme intrepide, et, tremblant de foiblesse,
Attend pour croire en Dieu que la fiévre le presse;
Et toûjours dans l'orage au ciel levant les mains,
Dés que l'air est calmé, rit des foibles humains.
Car de penser alors qu'un Dieu tourne le monde,
Et regle les ressorts de la machine ronde,
Ou qu'il est une vie au delà du trépas,
C'est là, tout haut du moins, ce qu'il n'avoûra pas.

Pour moi qu'en santé mesme un autre monde étonne,
Qui crois l'ame immortelle, et que c'est Dieu qui tonne,
Il vaut mieux pour jamais me bannir de ce lieu.
Je me retire donc. Adieu, Paris, adieu !

SATIRE II

A M. DE MOLIERE

Rare et fameux esprit, dont la fertile veine
Ignore en écrivant le travail et la peine,
Pour qui tient Apollon tous ses tresors ouverts,
Et qui sçais à quel coin se marquent les bons vers,
Dans les combats d'esprit sçavant maistre d'escrime,
Enseigne-moi, Moliere, où tu trouves la rime.
On diroit, quand tu veux, qu'elle te vient chercher.
Jamais au bout du vers on ne te voit broncher,
Et, sans qu'un long détour t'arreste ou t'embarrasse,
A peine as-tu parlé qu'elle-mesme s'y place.
Mais moi, qu'un vain caprice, une bizarre humeur,
Pour mes pechez, je croi, fit devenir rimeur,
Dans ce rude métier, où mon esprit se tuë,

En vain, pour la trouver, je travaille et je suë.
Souvent j'ai beau réver du matin jusqu'au soir,
Quand je veux dire *blanc*, la quinteuse dit *noir*.
Si je veux d'un galant dépeindre la figure,
Ma plume pour rimer trouve l'abbé de Pure;
Si je pense exprimer un auteur sans defaut,
La raison dit Virgile, et la rime Quinaut.
Enfin, quoi que je fasse ou que je veüille faire,
La bizarre toûjours vient m'offrir le contraire.
De rage quelquefois, ne pouvant la trouver,
Triste, las et confus, je cesse d'y réver;
Et, maudissant vingt fois le demon qui m'inspire,
Je fais mille sermens de ne jamais écrire.
Mais quand j'ai bien maudit et Muses et Phebus,
Je la voi qui paroist quand je n'y pense plus.
Aussi-tost, malgré moi, tout mon feu se rallume;
Je reprens sur le champ le papier et la plume,
Et, de mes vains sermens perdant le souvenir,
J'attens de vers en vers qu'elle daigne venir.
Encor si pour rimer, dans sa verve indiscrete,
Ma muse au moins souffroit une froide epithete,
Je ferois comme un autre, et, sans chercher si loin,
J'aurois toûjours des mots pour les coudre au besoin.
Si je loüois Philis, *en miracles feconde*,
Je trouverois bientost *à nulle autre seconde*.
Si je voulois vanter un objet *nompareil*,

Je mettrois à l'instant : *plus beau que le soleil.*
Enfin, parlant toûjours d'*astres* et de *merveilles,*
De *chef-d'œuvres des cieux,* de *beautez sans pareilles,*
Avec tous ces beaux mots souvent mis au hazard,
Je pourois aisément, sans genie et sans art,
Et transposant cent fois et le nom et le verbe,
Dans mes vers recousus mettre en pieces Malherbe.
Mais mon esprit, tremblant sur le choix de ses mots,
N'en dira jamais un, s'il ne tombe à propos,
Et ne sçauroit souffrir qu'une phrase insipide
Vienne à la fin d'un vers remplir la place vuide.
Ainsi, recommençant un ouvrage vingt fois,
Si j'écris quatre mots, j'en effacerai trois.
 Maudit soit le premier dont la verve insensée
Dans les bornes d'un vers renferma sa pensée,
Et, donnant à ses mots une étroite prison,
Voulut avec la rime enchaîner la raison.
Sans ce métier, fatal au repos de ma vie,
Mes jours pleins de loisir couleroient sans envie ;
Je n'aurois qu'à chanter, rire, boire d'autant,
Et, comme un gras chanoine, à mon aise et content,
Passer tranquillement, sans souci, sans affaire,
La nuit à bien dormir, et le jour à rien faire.
Mon cœur exempt de soins, libre de passion,
Sçait donner une borne à son ambition,
Et, fuiant des grandeurs la presence importune,

Je ne vais point au Louvre adorer la Fortune.
Et je serois heureux si, pour me consumer,
Un destin envieux ne m'avoit fait rimer.
　Mais depuis le moment que cette frenesie
De ses noires vapeurs troubla ma fantaisie,
Et qu'un démon, jaloux de mon contentement,
M'inspira le dessein d'écrire poliment,
Tous les jours malgré moi, cloüé sur un ouvrage,
Retouchant un endroit, effaçant une page,
Enfin, passant ma vie en ce triste métier,
J'envie en écrivant le sort de Pelletier.
　Bienheureux Scuderi, dont la fertile plume
Peut tous les mois sans peine enfanter un volume!
Tes écrits, il est vrai, sans art et languissans,
Semblent estre formez en dépit du bon sens;
Mais ils trouvent pourtant, quoi qu'on en puisse dire,
Un marchand pour les vendre et des sots pour les lire.
Et quand la rime enfin se trouve au bout des vers,
Qu'importe que le reste y soit mis de travers?
Malheureux mille fois celui dont la manie
Veut aux regles de l'art asservir son genie!
Un sot en écrivant fait tout avec plaisir;
Il n'a point en ses vers l'embarras de choisir,
Et, toûjours amoureux de ce qu'il vient d'écrire,
Ravi d'étonnement, en soi-mesme il s'admire.
Mais un esprit sublime en vain veut s'élever

A ce degré parfait qu'il tâche de trouver,
Et, toûjours mécontent de ce qu'il vient de faire,
Il plaist à tout le monde, et ne sçauroit se plaire.
Et tel, dont en tous lieux chacun vante l'esprit,
Voudroit pour son repos n'avoir jamais écrit.

 Toi donc, qui vois les maux où ma muse s'abîme,
De grace, enseigne-moi l'art de trouver la rime;
Ou, puisqu'enfin tes soins y seroient superflus,
Moliere, enseigne-moi l'art de ne rimer plus.

SATIRE III

A.

Quel sujet inconnu vous trouble et vous altere?
D'où vous vient aujourd'huy cet air sombre et severe,
Et ce visage enfin plus pasle qu'un rentier
A l'aspect d'un arrest qui retranche un quartier?
Qu'est devenu ce teint dont la couleur fleurie
Sembloit d'ortolans seuls et de bisques nourie,
Où la joye en son lustre attiroit les regards,
Et le vin en rubis brilloit de toutes parts?
Qui vous a pû plonger dans cette humeur chagrine?
A-t-on par quelque edit reformé la cuisine?
Ou quelque longue pluye, inondant vos vallons,
A-t-elle fait couler vos vins et vos melons?
Répondez donc enfin, ou bien je me retire.

P.

Ah! de grace, un moment souffrez que je respire.
Je sors de chez un fat, qui, pour m'empoisonner,

Je pense, exprés chez lui m'a forcé de disner.
Je l'avois bien prévû. Depuis prés d'une année
J'éludois tous les jours sa poursuite obstinée.
Mais hier il m'aborde et, me serrant la main :
« Ah! monsieur, m'a-t-il dit, je vous attens demain.
N'y manquez pas au moins. J'ay quatorze bouteilles
D'un vin vieux... Boucingo n'en a point de pareilles,
Et je gagerois bien que chez le commandeur,
Villandri priseroit sa séve et sa verdeur.
Moliere avec *Tartuffe*[1] y doit joüer son rôle,
Et Lambert[2], qui plus est, m'a donné sa parole.
C'est tout dire en un mot, et vous le connoissez.
— Quoi, Lambert? — Oüi, Lambert. — A demain, c'est assez. »
  Ce matin donc, séduit par sa vaine promesse,
J'y cours, midi sonnant, au sortir de la messe.
A peine estois-je entré que, ravi de me voir,
Mon homme, en m'embrassant, m'est venu recevoir;
Et, montrant à mes yeux une allegresse entiere :
« Nous n'avons, m'a-t-il dit, ni Lambert ni Moliere,
Mais, puisque je vous voy, je me tiens trop content.
Vous estes un brave homme; entrez, on vous attend. »
A ces mots, mais trop tard, reconnoissant ma faute,

---

1. Le *Tartuffe* en ce temps-là avoit esté deffendu, et tout le monde vouloit avoir Moliere pour le luy entendre reciter.

2. Lambert, le fameux musicien, estoit un fort bon homme qui promettoit à tout le monde, mais qui ne venoit jamais.

Je le suis en tremblant dans une chambre haute,
Où, malgré les volets, le soleil irrité
Formoit un poësle ardent au milieu de l'esté.
Le couvert estoit mis dans ce lieu de plaisance,
Où j'ai trouvé d'abord, pour toute connoissance,
Deux nobles campagnards, grands lecteurs de romans,
Qui m'ont dit tout *Cyrus* dans leurs longs complimens.
J'enrageois. Cependant on apporte un potage :
Un coq y paroissoit en pompeux équipage,
Qui, changeant sur ce plat et d'estat et de nom,
Par tous les conviez s'est appellé chappon.
Deux assiettes suivoient, dont l'une estoit ornée
D'une langue en ragoust de persil couronnée ;
L'autre, d'un godiveau tout brûlé par dehors,
Dont un beure gluant inondoit tous les bords.
On s'assied ; mais d'abord nostre troupe serrée
Tenoit à peine autour d'une table quarrée,
Où chacun malgré soi, l'un sur l'autre porté,
Faisoit un tour à gauche et mangeoit de costé.
Jugez en cet estat si je pouvois me plaire,
Moy qui ne conte rien, ni le vin ni la chere,
Si l'on n'est plus au large assis en un festin
Qu'aux sermons de Cassaigne ou de l'abbé Cotin.
    Nôtre hoste, cependant, s'adressant à la troupe :
« Que vous semble, a-t-il dit, du goust de cette soupe ?
Sentez-vous le citron dont on a mis le jus,

Avec des jaunes d'œufs meslez dans du verjus?
Ma foy, vive Mignot et tout ce qu'il appreste! »
Les cheveux, cependant, me dressoient à la teste;
Car Mignot, c'est tout dire, et dans le monde entier,
Jamais empoisonneur ne sceut mieux son métier.
J'approuvois tout pourtant de la mine et du geste,
Pensant qu'au moins le vin dûst reparer le reste.
Pour m'en éclaircir donc, j'en demande. Et d'abord
Un laquais effronté m'apporte un rouge bord
D'un Auvernat fumeux qui, meslé de Lignage,
Se vendoit chez Crenet pour vin de l'Hermitage,
Et qui, rouge et vermeil, mais fade et doucereux,
N'avoit rien qu'un goust plat et qu'un déboire affreux.
A peine ay-je senti cette liqueur traîtresse
Que de ces vins meslez j'ai reconnu l'adresse.
Toutefois, avec l'eau que j'y mets à foison,
J'esperois adoucir la force du poison.
Mais, qui l'auroit pensé? pour comble de disgrace,
Par le chaud qu'il faisoit nous n'avions point de glace.
Point de glace, bon Dieu! dans le fort de l'esté!
Au mois de juin! Pour moi, j'estois si transporté
Que, donnant de fureur tout le festin au diable,
Je me suis veu vingt fois prest à quitter la table;
Et, dûst-on m'appeller et fantasque et bouru,
J'allois sortir enfin, quand le rost a paru.

  Sur un liévre, flanqué de six poulets étiques,

S'élevoient trois lapins, animaux domestiques
Qui, dés leur tendre enfance élevez dans Paris,
Sentoient encor le chou dont ils furent nouris;
Autour de cet amas de viandes entassées,
Regnoit un long cordon d'aloüetes pressées,
Et, sur les bords du plat, six pigeons étalez
Presentoient pour renfort leurs squeletes brûlez.
A costé de ce plat paroissoient deux salades,
L'une de pourpier jaune, et l'autre d'herbes fades,
Dont l'huile de fort loin saisissoit l'odorat,
Et nageoit dans des flots de vinaigre rosat.
Tous mes sots, à l'instant changeant de contenance,
Ont loüé du festin la superbe ordonnance;
Tandis que mon faquin, qui se voioit priser,
Avec un ris mocqueur les prioit d'excuser.
Sur tout certain hableur, à la gueule affamée,
Qui vint à ce festin conduit par la fumée,
Et qui s'est dit profés dans l'ordre des Costeaux[1],
A fait, en bien mangeant, l'éloge des morceaux.
Je riois de le voir, avec sa mine étique,
Son rabat jadis blanc et sa perruque antique,
En lapins de garenne eriger nos clapiers

1. Ce nom fut donné à trois grands seigneurs tenant table, qui estoient partagés sur l'estime qu'on devoit faire des vins des costeaux des environs de Reims. Ils avoient chacun leurs partisans.

Et nos pigeons cauchois en superbes ramiers;
Et pour flater nostre hoste, observant son visage,
Composer sur ses yeux son geste et son langage.
Quand nostre hoste, charmé, m'avisant sur ce point :
« Qu'avez-vous donc, dit-il, que vous ne mangez point?
Je vous trouve aujourd'hui l'ame toute inquiette,
Et les morceaux entiers restent sur vostre assiette.
Aimez-vous la muscade? On en a mis par tout.
Ah! monsieur, ces poulets sont d'un merveilleux goût,
Ces pigeons sont dodus; mangez, sur ma parole.
J'aime à voir aux lapins cette chair blanche et molle.
Ma foy, tout est passable, il le faut confesser,
Et Mignot aujourd'hui s'est voulu surpasser.
Quand on parle de sauce, il faut qu'on y raffine.
Pour moi, j'aime sur tout que le poivre y domine.
J'en suis fourni, Dieu sçait, et j'ai tout Pelletier
Roulé dans mon office en cornets de papier. »
A tous ces beaux discours j'estois comme une pierre,
Ou comme la statuë est au *Festin de Pierre;*
Et, sans dire un seul mot, j'avalois au hazard
Quelque aile de poulet, dont j'arrachois le lard.
 Cependant mon hableur, avec une voix haute,
Porte à mes campagnards la santé de nostre hoste,
Qui tous deux, pleins de joye, en jettant un grand cri,
Avec un rouge bord acceptent son deffi.
Un si galant exploit réveillant tout le monde,

On a porté par tout des verres à la ronde,
Où les doigts des laquais, dans la crasse tracez,
Témoignoient par écrit qu'on les avoit rincez,
Quand un des conviez, d'un ton melancolique,
Lamentant tristement une chanson bachique,
Tous mes sots à la fois, ravis de l'écouter,
Détonnant de concert, se mettent à chanter.
La musique, sans doute, estoit rare et charmante :
L'un traîne en longs fredons une voix glapissante,
Et l'autre, l'appuiant de son aigre fausset,
Semble un violon faux qui jure sous l'archet.

Sur ce point, un jambon, d'assez maigre apparence,
Arrive sous le nom de jambon de Mayence :
Un valet le portoit, marchant à pas contez,
Comme un recteur suivi des quatre facultez ;
Deux marmitons crasseux, revestus de serviettes,
Lui servoient de massiers et portoient deux assiettes,
L'une de champignons, avec des ris de veau,
Et l'autre de pois verds qui se noyoient dans l'eau.
Un spectacle si beau surprenant l'assemblée,
Chez tous les conviez la joie est redoublée ;
Et la troupe à l'instant, cessant de fredonner,
D'un ton gravement fou s'est mise à raisonner.
Le vin au plus müet fournissant des paroles,
Chacun a debité ses maximes frivoles,
Reglé les interests de chaque potentat,

Corrigé la police et reformé l'Estat ;
Puis de là, s'embarquant dans la nouvelle guerre,
A vaincu la Hollande, ou battu l'Angleterre.
Enfin, laissant en paix tous ces peuples divers,
De propos en propos, on a parlé de vers.
Là tous mes sots, enflez d'une nouvelle audace,
Ont jugé des auteurs en maistres du Parnasse.
Mais nostre hoste sur tout, pour la justesse et l'art,
Elevoit jusqu'au ciel Theophile et Ronsard,
Quand un des campagnards, relevant sa moustache
Et son feutre à grands poils ombragé d'un pennache,
Impose à tous silence, et d'un ton de docteur :
« Morbleu ! dit-il, la Serre est un charmant auteur !
Ses vers sont d'un beau stile et sa prose est coulante.
La *Pucelle* est encore une œuvre bien galante,
Et je ne sçai pourquoi je baaille en la lisant.
Le Païs, sans mentir, est un bouffon plaisant ;
Mais je ne trouve rien de beau dans ce Voiture.
Ma foi, le jugement sert bien dans la lecture.
A mon gré, le Corneille est joli quelquefois.
En verité, pour moi, j'aime le beau françois.
Je ne sçai pas pourquoi l'on vante l'*Alexandre* :
Ce n'est qu'un glorieux qui ne dit rien de tendre.
Les heros, chez Quinaut, parlent bien autrement,
Et jusqu'à *je vous hais*, tout s'y dit tendrement.
On dit qu'on l'a drapé dans certaine satire,

Qu'un jeune homme...— Ah ! je sçai ce que vous voulez dire,
A répondu nostre hoste, *un auteur sans defaut,*
La raison dit Virgile, et la rime Quinaut.
— Justement. A mon gré la piece est assez plate.
Et puis blâmer Quinaut... — Avez-vous vû l'*Astrate ?*
C'est là ce qu'on appelle un ouvrage achevé.
Sur tout l'*Anneau Royal* me semble bien trouvé :
Son sujet est conduit d'une belle maniere,
Et chaque acte en sa piece est une piece entiere.
Je ne puis plus souffrir ce que les autres font.

— Il est vrai que Quinaut est un esprit profond,
A repris certain fat, qu'à sa mine discrete
Et son maintien jaloux j'ai reconnu poëte ;
Mais il en est pourtant qui le pouroient valoir.
— Ma foy, ce n'est pas vous qui nous le ferez voir,
A dit mon campagnard avec une voix claire,
Et déja tout boüillant de vin et de colere.
— Peut-estre, a dit l'auteur paslissant de couroux ;
Mais vous, pour en parler, vous y connoissez-vous ?
— Mieux que vous mille fois, dit le noble en furie.
— Vous ? Mon Dieu ! mêlez-vous de boire, je vous prie,
A l'auteur sur le champ aigrement reparti.
— Je suis donc un sot ? moi ? vous en avez menti ! »
Reprend le campagnard, et, sans plus de langage,
Lui jette pour deffi son assiette au visage.
L'autre esquive le coup, et l'assiette volant

S'en va frapper le mur et revient en roulant.
A cet affront, l'auteur, se levant de la table,
Lance à mon campagnard un regard effroyable;
Et chacun vainement se ruant entre-deux,
Nos braves, s'accrochant, se prennent aux cheveux.
Aussi-tost sous leurs pieds les tables renversées
Font voir un long débris de bouteilles cassées.
Envain à lever tout les valets sont fort promts,
Et les ruisseaux de vin coulent aux environs.

 Enfin, pour arrester cette lutte barbare,
De nouveau l'on s'efforce, on crie, on les separe,
Et leur premiere ardeur, passant en un moment,
On a parlé de paix et d'accommodement.
Mais, tandis qu'à l'envi tout le monde y conspire,
J'ai gagné doucement la porte sans rien dire,
Avec un bon serment que si, pour l'avenir,
En pareille cohüe on me peut retenir,
Je consens de bon cœur, pour punir ma folie,
Que tous les vins pour moi deviennent vins de Brie,
Qu'à Paris le gibier manque tous les hyvers,
Et qu'à peine au mois d'aoust l'on mange des pois vers.

SATIRE IV

A MONSIEUR L'ABBÉ LE VAYER

D'ou vient, cher le Vayer, que l'homme le moins sage
Croit toûjours seul avoir la sagesse en partage,
Et qu'il n'est point de fou qui, par belles raisons,
Ne loge son voisin aux Petites-Maisons?
    Un pédant, enyvré de sa vaine science,
Tout herissé de grec, tout bouffi d'arrogance,
Et qui de mille auteurs, retenus mot pour mot,
Dans sa teste entassez, n'a souvent fait qu'un sot,
Croit qu'un livre fait tout, et que sans Aristote
La raison ne voit goute et le bon sens radote.
    D'autre part, un galant de qui tout le métier
Est de courir le jour de quartier en quartier,
Et d'aller, à l'abri d'une perruque blonde,

De ses froides douceurs fatiguer le beau monde,
Condamne la science et, blâmant tout écrit,
Croit qu'en lui l'ignorance est un titre d'esprit ;
Que c'est des gens de cour le plus beau privilege,
Et renvoye un sçavant dans le fond d'un college.
 Un bigot orgueilleux qui, dans sa vanité,
Croit duper jusqu'à Dieu par son zele affecté,
Couvrant tous ses defauts d'une sainte apparence,
Damne tous les humains de sa pleine puissance.
 Un libertin d'ailleurs, qui, sans ame et sans foi,
Se fait de son plaisir une suprême loi,
Tient que ces vieux propos de démons et de flammes
Sont bons pour étonner des enfans et des femmes ;
Que c'est s'embarrasser de soucis superflus,
Et qu'enfin tout devot a le cerveau perclus.
 En un mot, qui voudroit épuiser ces matieres,
Peignant de tant d'esprits les diverses manieres,
Il conteroit plûtost combien dans un printemps
Guenaud et l'antimoine ont fait mourir de gens,
Et combien la Neveu, devant son mariage,
A de fois au public vendu son p***.
Mais, sans errer en vain dans ces vagues propos,
Et pour rimer ici ma pensée en deux mots :
N'en déplaise à ces fous nommez sages de Grece,
En ce monde il n'est point de parfaite sagesse.
Tous les hommes sont fous, et, malgré tous leurs soins,

Ne different entre eux que du plus ou du moins.
Comme on voit qu'en un bois que cent routes separent,
Les voyageurs sans guide assez souvent s'égarent,
L'un à droit, l'autre à gauche, et courant vainement,
La mesme erreur les fait errer diversement,
Chacun suit dans le monde une route incertaine,
Selon que son erreur le jouë et le promene;
Et tel y fait l'habile et nous traite de fous,
Qui, sous le nom de sage, est le plus fou de tous.
Mais, quoi que sur ce point la satire publie,
Chacun veut en sagesse ériger sa folie,
Et, se laissant regler à son esprit tortu,
De ses propres defauts se fait une vertu.
Ainsi, cela soit dit pour qui veut se connaître,
Le plus sage est celui qui ne pense point l'estre;
Qui, toûjours pour un autre enclin vers la douceur,
Se regarde soi-mesme en severe censeur,
Rend à tous ses defauts une exacte justice,
Et fait sans se flatter le procés à son vice.
Mais chacun pour soi-mesme est toûjours indulgent.

 Un avare idolâtre et fou de son argent,
Rencontrant la disette au sein de l'abondance,
Appelle sa folie une rare prudence,
Et met toute sa gloire et son souverain bien
A grossir un trésor qui ne lui sert de rien.
Plus il le voit accrû, moins il en sçait l'usage.

Sans mentir, l'avarice est une étrange rage,
Dira cet autre fou, non moins privé de sens,
Qui jette, furieux, son bien à tous venans,
Et dont l'ame inquiete, à soi-mesme importune,
Se fait un embarras de sa bonne fortune.
Qui des deux, en effet, est le plus aveuglé?

 L'un et l'autre, à mon sens, ont le cerveau troublé,
Répondra chez Fredoc ce marquis sage et prude,
Et qui sans cesse au jeu, dont il fait son étude,
Attendant son destin d'un quatorze ou d'un sept,
Voit sa vie ou sa mort sortir de son cornet.
Que si d'un sort fâcheux la maligne inconstance
Vient par un coup fatal faire tourner la chance,
Vous le verrez bien-tost, les cheveux herissez
Et les yeux vers le ciel de fureur élancez,
Ainsi qu'un possedé que le prestre exorcise,
Fester dans ses sermens tous les saints de l'Eglise.
Qu'on le lie, ou je crains, à son air furieux,
Que ce nouveau Titan n'escalade les cieux.

 Mais laissons-le plûtost en proye à son caprice,
Sa folie, aussi-bien, lui tient lieu de supplice.
Il est d'autres erreurs dont l'aimable poison
D'un charme bien plus doux enyvre la raison :
L'esprit dans ce nectar heureusement s'oublie.

 Chapelain veut rimer, et c'est là sa folie.
Mais, bien que ses durs vers, d'epithetes enflez,

Soient des moindres grimauds chez Ménage siflez,
Lui-mesme il s'applaudit, et d'un esprit tranquille
Prend le pas au Parnasse au dessus de Virgile.
Que feroit-il, helas ! si quelque audacieux
Alloit pour son malheur lui désiller les yeux,
Lui faisant voir ces vers et sans force et sans graces,
Montez sur deux grands mots comme sur deux échasses,
Ces termes sans raison l'un de l'autre écartez
Et ces froids ornemens à la ligne plantez?
Qu'il maudiroit le jour où son ame insensée
Perdit l'heureuse erreur qui charmoit sa pensée !

 Jadis certain bigot, d'ailleurs homme sensé,
D'un mal assez bizarre eut le cerveau blessé :
S'imaginant sans cesse, en sa douce manie,
Des esprits bien-heureux entendre l'harmonie.
Enfin un medecin, fort expert en son art,
Le guerit par adresse, ou plûtost par hazard.
Mais, voulant de ses soins exiger le salaire :
« Moi, vous payer, lui dit le bigot en colere,
Vous, dont l'art infernal, par des secrets maudits,
En me tirant d'erreur, m'oste du paradis ! »

 J'approuve son couroux, car, puisqu'il faut le dire,
Souvent de tous nos maux la raison est le pire.
C'est elle qui, farouche, au milieu des plaisirs,
D'un remords importun vient brider nos desirs.
La fâcheuse a pour nous des rigueurs sans pareilles ;

C'est un pédant qu'on a sans cesse à ses oreilles,
Qui toûjours nous gourmande, et, loin de nous toucher,
Souvent, comme Joli, perd son temps à prescher.
En vain certains rêveurs nous l'habillent en reine,
Veulent sur tous nos sens la rendre souveraine,
Et, s'en formant en terre une divinité,
Pensent aller par elle à la felicité.
C'est elle, disent-ils, qui nous montre à bien vivre.
Ces discours, il est vrai, sont fort beaux dans un livre,
Je les estime fort; mais je trouve en effet
Que le plus fou souvent est le plus satisfait.

SATIRE V

A MONSIEUR LE MARQUIS DE DANGEAU

La noblesse, Dangeau, n'est pas une chimere,
Quand, sous l'étroite loi d'une vertu severe,
Un homme issu d'un sang fecond en demi-dieux
Suit, comme toi, la trace où marchoient ses ayeux.
   Mais je ne puis souffrir qu'un fat, dont la mollesse
N'a rien pour s'appuier qu'une vaine noblesse,
Se pare insolemment du merite d'autrui,
Et me vante un honneur qui ne vient pas de lui.
Je veux que la valeur de ses ayeux antiques
Ait fournit de matiere aux plus vieilles chroniques,
Et que l'un des Capets, pour honnorer leur nom,
Ait de trois fleurs de lis doté leur écusson.
Que sert ce vain amas d'une inutile gloire,
Si, de tant de heros celebres dans l'histoire,

Il ne peut rien offrir aux yeux de l'univers
Que de vieux parchemins qu'ont épargnez les vers ;
Si, tout sorti qu'il est d'une source divine,
Son cœur dément en lui sa superbe origine,
Et, n'ayant rien de grand qu'une sotte fierté,
S'endort dans une lâche et molle oisiveté ?
　Cependant, à le voir avec tant d'arrogance
Vanter le faux éclat de sa haute naissance,
On diroit que le ciel est soûmis à sa loi,
Et que Dieu l'a paistri d'autre limon que moi.
　Dites-nous, grand heros, esprit rare et sublime,
Entre tant d'animaux, qui sont ceux qu'on estime ?
On fait cas d'un coursier qui, fier et plein de cœur,
Fait paroistre en courant sa boüillante vigueur ;
Qui jamais ne se lasse, et qui dans la carriere
S'est couvert mille fois d'une noble poussiere ;
Mais la posterité d'Alfane et de Bayard,
Quand ce n'est qu'une rosse, est venduë au hazard
Sans respect des ayeux dont elle est descenduë,
Et va porter la malle ou tirer la charuë.
Pourquoi donc voulez-vous que, par un sot abus,
Chacun respecte en vous un honneur qui n'est plus ?
On ne m'éblouït point d'une apparence vaine :
La vertu d'un cœur noble est la marque certaine.
Si vous estes sorti de ces heros fameux,
Montrez-nous cette ardeur qu'on vit briller en eux,

Ce zele pour l'honneur, cette horreur pour le vice.
Respectez-vous les loix, fuiez-vous l'injustice,
Sçavez-vous pour la gloire oublier le repos,
Et dormir en plein champ, le harnois sur le dos,
Je vous connois pour noble à ces illustres marques.
Alors soyez issu des plus fameux monarques,
Venez de mille ayeux, et, si ce n'est assez,
Feüilletez à loisir tous les siecles passez ;
Voyez de quel guerrier il vous plaist de descendre,
Choisissez de César, d'Achille ou d'Alexandre.
Envain un faux censeur voudroit vous démentir,
Et si vous n'en sortez, vous en devez sortir.
Mais, fussiez-vous issu d'Hercule en droite ligne,
Si vous ne faites voir qu'une bassesse indigne,
Ce long amas d'ayeux, que vous diffamez tous,
Sont autant de témoins qui parlent contre vous ;
Et tout ce grand éclat de leur gloire ternie
Ne sert plus que de jour à vostre ignominie.
Envain tout fier d'un sang que vous des-honnorez,
Vous dormez à l'abri de ces noms reverez ;
Envain vous vous couvrez des vertus de vos peres :
Ce ne sont à mes yeux que de vaines chimeres
Je ne voi rien en vous qu'un lâche, un imposteur,
Un traistre, un scelerat, un perfide, un menteur,
Un fou dont les accés vont jusqu'à la furie,
Et d'un tronc fort illustre une branche pourie.

Je m'emporte peut-estre, et ma muse en fureur
Verse dans ses discours trop de fiel et d'aigreur.
Il faut avec les grands un peu de retenuë.
Hé bien, je m'adoucis. Vostre race est connuë.
Depuis quand? répondez. Depuis mille ans entiers,
Et vous pouvez fournir deux fois seize quartiers.
C'est beaucoup, mais enfin les preuves en sont claires,
Tous les livres sont pleins des titres de vos peres;
Leurs noms sont échappez du naufrage des temps;
Mais qui m'assurera qu'en ce long cercle d'ans,
A leurs fameux époux vos ayeules fideles,
Aux douceurs des galands furent toûjours rebelles?
Et comment sçavez-vous si quelque audacieux
N'a point interrompu le cours de vos ayeux;
Et si leur sang tout pur avecque leur noblesse
Est passé jusqu'à vous de Lucrece en Lucrece?

   Que maudit soit le jour où cette vanité
Vint ici de nos mœurs soüiller la pureté!
Dans les temps bienheureux du monde en son enfance
Chacun mettoit sa gloire en sa seule innocence.
Chacun vivoit content et sous d'égales loix.
Le merite y faisoit la noblesse et les rois;
Et, sans chercher l'appui d'une naissance illustre,
Un heros de soi-mesme empruntoit tout son lustre.
Mais enfin par le temps le merite avili
Vit l'honneur en roture et le vice annobli;

Et l'orgueil, d'un faux titre appuyant sa foiblesse,
Maîtrisa les humains sous le nom de noblesse.
De là vinrent en foule et marquis et barons.
Chacun pour ses vertus n'offrit plus que des noms.
Aussi-tost maint esprit, fecond en rêveries,
Inventa le blazon avec les armories ;
De ses termes obscurs fit un langage à part,
Composa tous ces mots de *cimier* et d'*ecart*,
De *pal*, de *contrepal*, de *lambel* et de *face*,
Et tout ce que Segond dans son *Mercure* entasse.
Une vaine folie enyvrant la raison,
L'honneur, triste et honteux, ne fut plus de saison.
Alors, pour soûtenir son rang et sa naissance,
Il falut étaler le luxe et la dépence ;
Il falut habiter un superbe palais,
Faire par les couleurs distinguer ses valets ;
Et, traînant en tous lieux de pompeux équipages,
Le duc et le marquis se reconnut aux pages.

   Bien-tost, pour subsister, la noblesse sans bien
Trouva l'art d'emprunter et de ne rendre rien ;
Et, bravant des sergens la timide cohorte,
Laissa le creancier se morfondre à sa porte.
Mais pour comble, à la fin, le marquis en prison
Sous le faix des procés vit tomber sa maison.
Alors, le noble altier, pressé de l'indigence,
Humblement du faquin rechercha l'alliance ;

Avec lui trafiquant d'un nom si precieux,
Par un lâche contract vendit tous ses ayeux,
Et, corrigeant ainsi la fortune ennemie,
Rétablit son honneur à force d'infamie.
   Car, si l'éclat de l'or ne releve le sang,
Envain l'on fait briller la splendeur de son rang.
L'amour de vos ayeux passe en vous pour manie,
Et chacun pour parent vous fuit et vous renie.
Mais quand un homme est riche, il vaut toûjours son prix;
Et, l'eust-on vû porter la mandille à Paris,
N'eût-il de son vrai nom ni titre, ni memoire,
D'Hozier lui trouvera cent ayeux dans l'histoire.
   Toi donc qui, de merite et d'honneurs revêtu,
Des écueils de la cour as sauvé ta vertu,
Dangeau, qui, dans le rang où nôtre Roi t'appelle,
Le vois toûjours orné d'une gloire nouvelle,
Et, plus brillant par soi que par l'éclat des lis,
Dédaigner tous ces rois dans la pourpre amollis,
Fuir d'un honteux loisir la douceur importune,
A ses sages conseils asservir la fortune,
Et de tout son bonheur ne devant rien qu'à soi,
Montrer à l'univers ce que c'est qu'estre roi,
Si tu veux te couvrir d'un éclat legitime,
Va par mille beaux faits meriter son estime.
Sers un si noble maistre, et fais voir qu'aujourd'hui
Ton Prince a des sujets qui sont dignes de lui.

SATIRE VI

Qui frappe l'air, bon Dieu! de ces lugubres cris?
Est-ce donc pour veiller qu'on se couche à Paris?
Et quel fâcheux demon, durant les nuits entieres,
Rassemble ici les chats de toutes les goutieres?
J'ai beau sauter du lit, plein de trouble et d'effroi,
Je pense qu'avec eux tout l'enfer est chez moi;
L'un miaule en grondant comme un tigre en furie;
L'autre roule sa voix comme un enfant qui crie.
Ce n'est pas tout encor. Les souris et les rats
Semblent, pour m'éveiller, s'entendre avec les chats,
Plus importuns pour moi, durant la nuit obscure,
Que jamais, en plein jour, ne fut l'abbé de Pure.
　Tout conspire à la fois à troubler mon repos;
Et je me plains ici du moindre de mes maux.
Car à peine les coqs, commençant leur ramage,
Auront de cris aigus frappé le voisinage,

Qu'un affreux serrurier, que le ciel en couroux
A fait, pour mes pechez, trop voisin de chez nous,
Avec un fer maudit qu'à grand bruit il appreste,
De cent coups de marteau me va fendre la teste.
J'entens déja par tout les charettes courir,
Les massons travailler, les boutiques s'ouvrir;
Tandis que dans les airs mille cloches émuës,
D'un funebre concert font retentir les nuës,
Et, se mélant au bruit de la gresle et des vents,
Pour honorer les morts, font mourir les vivans.

 Encor je benirois la bonté souveraine,
Si le ciel à ces maux avoit borné ma peine;
Mais si, seul en mon lit, je peste avec raison,
C'est encor pis vingt fois en quittant la maison.
En quelque endroit que j'aille, il faut fendre la presse
D'un peuple d'importuns qui fourmillent sans cesse;
L'un me heurte d'un ais dont je suis tout froissé;
Je vois d'un autre coup mon chappeau renversé.
Là, d'un enterrement la funebre ordonnance
D'un pas lugubre et lent vers l'eglise s'avance;
Et plus loin des laquais, l'un l'autre s'agaçans,
Font aboyer les chiens et jurer les passans.
Des paveurs en ce lieu me bouchent le passage.
Là, je trouve une croix de funeste presage;
Et des couvreurs grimpez au toit d'une maison
En font pleuvoir l'ardoise et la tuile à foison.

Là, sur une charette, une poutre branlante
Vient menaçant de loin la foule, qu'elle augmente;
Six chevaux attelez à ce fardeau pesant,
Ont peine à l'émouvoir sur le pavé glissant;
D'un carrosse en passant il accroche une rouë,
Et du choc le renverse en un grand tas de bouë,
Quand un autre à l'instant, s'efforçant de passer,
Dans le mesme embarras se vient embarrasser.
Vingt carrosses bien-tost, arrivant à la file,
Y sont en moins de rien suivis de plus de mille;
Et, pour surcroist de maux, un sort malencontreux
Conduit en cet endroit un grand troupeau de bœufs.
Chacun pretend passer; l'un mugit, l'autre jure;
Des mulets en sonnant augmentent le murmure.
Aussi-tost cent chevaux, dans la foule appellez,
De l'embarras qui croist ferment les défilez,
Et, par tout des passans enchaînant les brigades,
Au milieu de la paix font voir les barricades.
On n'entend que des cris poussez confusément.
Dieu, pour s'y faire ouïr, tonneroit vainement.
Moi donc qui dois souvent en certain lieu me rendre,
Le jour déja baissant, et qui suis las d'attendre,
Ne sçachant plus tantost à quel saint me voüer,
Je me mets au hazard de me faire roüer.
Je saute vingt ruisseaux, j'esquive, je me pousse;
Guenaud sur son cheval en passant m'éclabousse;

Et, n'osant plus paroistre en l'état où je suis,
Sans songer où je vais, je me sauve où je puis.
Tandis que dans un coin en grondant je m'essuie,
Souvent, pour m'achever, il survient une pluie.
On diroit que le ciel, qui se fond tout en eau,
Veüille inonder ces lieux d'un déluge nouveau.
Pour traverser la ruë, au milieu de l'orage,
Un ais sur deux pavez forme un étroit passage;
Le plus hardi laquais n'y marche qu'en tremblant.
Il faut pourtant passer sur ce pont chancelant,
Et les nombreux torrens qui tombent des goutieres,
Grossissant les ruisseaux, en ont fait des rivieres.
J'y passe en trébuchant; mais, malgré l'embarras,
La frayeur de la nuit précipite mes pas.

 Car si-tost que du soir les ombres pacifiques
D'un double cadenas font fermer les boutiques,
Que, retiré chez lui, le paisible marchand
Va revoir ses billets et compter son argent,
Que dans le Marché-neuf tout est calme et tranquille,
Les voleurs à l'instant s'emparent de la ville.
Le bois le plus funeste et le moins frequenté
Est, au prix de Paris, un lieu de seureté.
Malheur donc à celui qu'une affaire impréveüe
Engage un peu trop tard au détour d'une ruë.
Bien-tost quatre bandits, lui serrant les costez:
La bourse! Il faut se rendre; ou bien non, resistez,

Afin que vostre mort, de tragique memoire,
Des massacres fameux aille grossir l'histoire.
Pour moy, fermant ma porte et cedant au sommeil,
Tous les jours je me couche avecque le soleil.
Mais en ma chambre à peine ay-je éteint la lumiere,
Qu'il ne m'est plus permis de fermer la paupiere.
Des filoux effrontez, d'un coup de pistolet,
Ebranlent ma fenestre et percent mon vôlet.
J'entens crier par tout : « Au meurtre ! on m'assassine ! »
Ou : « Le feu vient de prendre à la maison voisine. »
Tremblant et demi mort, je me leve à ce bruit,
Et souvent sans pourpoint je cours toute la nuit.
Car le feu, dont la flâme en ondes se déploye,
Fait de nostre quartier une seconde Troye,
Où maint Grec affamé, maint avide Argien,
Au travers des charbons va piller le Troyen.
Enfin, sous mille crocs la maison abysmée,
Entraîne aussi le feu qui se perd en fumée.

   Je me retire donc encor pâle d'effroi ;
Mais le jour est venu quand je rentre chez moi.
Je fais pour reposer un effort inutile :
Ce n'est qu'à prix d'argent qu'on dort en cette ville,
Il faudroit dans l'enclos d'un vaste logement,
Avoir loin de la ruë un autre appartement.

   Paris est pour un riche un païs de Cocagne :
Sans sortir de la ville, il trouve la campagne :

Il peut dans son jardin, tout peuplé d'arbres verds,
Receler le printemps au milieu des hyvers,
Et, foulant le parfum de ses plantes fleuries,
Aller entretenir ses douces rêveries.

Mais moi, grace au destin, qui n'ai ni feu ni lieu,
Je me loge où je puis et comme il plaist à Dieu.

SATIRE VII.

Muse, changeons de stile, et quittons la satire :
C'est un méchant métier que celui de médire,
A l'auteur qui l'embrasse il est toûjours fatal;
Le mal qu'on dit d'autrui ne produit que du mal.
Maint poëte aveuglé d'une telle manie,
En courant à l'honneur, trouve l'ignominie;
Et tel mot, pour avoir réjoüi le lecteur,
A coûté bien souvent des larmes à l'auteur.
   Un éloge ennuyeux, un froid panegyrique
Peut pourir à son aise au fond d'une boutique,
Ne craint point du public les jugemens divers,
Et n'a pour ennemis que la poudre et les vers.
Mais un auteur malin qui rit, et qui fait rire,
Qu'on blâme en le lisant, et pourtant qu'on veut lire,
Dans ses plaisans accés qui se croit tout permis,

De ses propres rieurs se fait des ennemis.
Un discours trop sincere aisément nous outrage.
Chacun dans ce miroir pense voir son visage,
Et tel, en vous lisant, admire chaque trait,
Qui dans le fond de l'ame et vous craint et vous hait.
Muse, c'est donc envain que la main vous demange.
S'il faut rimer ici, rimons quelque loüange,
Et cherchons un heros, parmi cet univers,
Digne de nostre encens et digne de nos vers.
Mais à ce grand effort envain je vous anime :
Je ne puis pour loüer rencontrer une rime.
Dés que j'y veux rêver, ma veine est aux abois.
J'ay beau frotter mon front, j'ay beau mordre mes doigts,
Je ne puis arracher du creux de ma cervelle
Que des vers plus forcez que ceux de la *Pucelle* :
Je pense estre à la gesne, et, pour un tel dessein,
La plume et le papier résistent à ma main.
Mais quand il faut railler, j'ai ce que je souhaite :
Alors, certes, alors, je me connois poëte.
Phébus, dés que je parle, est prest à m'exaucer.
Mes mots viennent sans peine, et courent se placer.
Faut-il peindre un fripon fameux dans cette ville,
Ma main, sans que j'y rêve, écrira Raumaville.
Faut-il d'un sot parfait montrer l'original,
Ma plume au bout du vers d'abord trouve Sofal.
Je sens que mon esprit travaille de génie.

SATIRE VII

Faut-il d'un froid rimeur dépeindre la manie,
Mes vers, comme un torrent, coulent sur le papier :
Je rencontre à la fois Perrin et Pelletier,
Bonnecorse, Pradon, Colletet, Titreville,
Et, pour un que je veux, j'en trouve plus de mille.
Aussi-tost je triomphe, et ma muse en secret
S'estime et s'applaudit du beau coup qu'elle a fait.
C'est envain qu'au milieu de ma fureur extrême,
Je me fais quelquefois des leçons à moi-mesme.
Envain je veux au moins faire grace à quelqu'un,
Ma plume auroit regret d'en épargner aucun;
Et si-tost qu'une fois la verve me domine,
Tout ce qui s'offre à moi passe par l'étamine.
Le merite pourtant m'est toûjours precieux,
Mais tout fat me déplaist et me blesse les yeux.
Je le poursuis par tout, comme un chien fait sa proye,
Et ne le sens jamais qu'aussi-tost je n'aboye.
Enfin, sans perdre temps en de si vains propos,
Je sçai coudre une rime au bout de quelques mots,
Souvent j'habille en vers une maligne prose :
C'est par là que je vaux, si je vaux quelque chose.
Ainsi, soit que bien-tost, par une dure loi,
La mort d'un vol affreux vienne fondre sur moi,
Soit que le Ciel me garde un cours long et tranquille,
A Rome ou dans Paris, aux champs ou dans la ville,
Deust ma muse par là choquer tout l'univers,

Riche, gueux, triste ou gay, je veux faire des vers.
Pauvre esprit, dira-t-on, que je plains ta folie !
Modere ces boüillons de ta melancolie,
Et garde qu'un de ceux que tu penses blâmer,
N'éteigne dans ton sang cette ardeur de rimer.
 Hé quoi ! lors qu'autrefois Horace, aprés Lucile,
Exhaloit en bons mots les vapeurs de sa bile,
Et, vangeant la vertu par des traits éclatans,
Alloit oster le masque aux vices de son temps ;
Ou bien quand Juvenal, de sa mordante plume
Faisant couler des flots de fiel et d'amertume,
Gourmandoit en couroux tout le peuple latin,
L'un ou l'autre fit-il une tragique fin ?
Et que craindre, aprés tout, d'une fureur si vaine ?
Personne ne connoist ni mon nom ni ma veine.
On ne voit point mes vers, à l'envi de Montreüil,
Grossir impunément les feüillets d'un recueil.
A peine quelquefois je me force à les lire
Pour plaire à quelque ami que charme la satire,
Qui me flatte peut-estre, et d'un air imposteur
Rit tout haut de l'ouvrage, et tout bas de l'auteur.
Enfin c'est mon plaisir, je veux me satisfaire.
Je ne puis bien parler, et ne sçaurois me taire ;
Et dés qu'un mot plaisant vient luire à mon esprit,
Je n'ai point de repos qu'il ne soit en écrit.
Je ne résiste point au torrent qui m'entraîne.

Mais c'est assez parlé. Prenons un peu d'haleine ;
Ma main, pour cette fois, commence à se lasser ;
Finissons. Mais demain, Muse, à recommencer.

SATIRE VIII

A MONSIEUR M**

DOCTEUR DE SORBONNE

De tous les animaux qui s'élevent dans l'air,
Qui marchent sur la terre, ou nagent dans la mer,
De Paris au Perou du Japon jusqu'à Rome,
Le plus sot animal, à mon avis, c'est l'homme.
   Quoi! dira-t-on d'abord, un ver, une fourmi,
Un insecte rampant qui ne vit qu'à demi,
Un taureau qui rumine, une chevre qui broute,
Ont l'esprit mieux tourné que n'a l'homme? — Oüi, sans doute.
Ce discours te surprend, docteur, je l'apperçoy.
L'homme de la nature est le chef et le roy.
Bois, prez, champs, animaux, tout est pour son usage,
Et lui seul a, dis-tu, la raison en partage.

Il est vrai, de tout temps la raison fut son lot ;
Mais de là je conclus que l'homme est le plus sot.

   Ces propos, diras-tu, sont bons dans la satire
Pour égayer d'abord un lecteur qui veut rire ;
Mais il faut les prouver. — En forme. J'y consens.
Répons-moi donc, docteur, et mets-toi sur les bancs.

   Qu'est-ce que la sagesse ? Une égalité d'ame
Que rien ne peut troubler, qu'aucun desir n'enflâme ;
Qui marche en ses conseils à pas plus mesurez
Qu'un doyen au Palais ne monte les degrez.
Or cette égalité dont se forme le sage,
Qui jamais moins que l'homme en a connu l'usage ?
La fourmi, tous les ans, traversant les guerets,
Grossit ses magasins des tresors de Cerés ;
Et, dés que l'aquilon, ramenant la froidure,
Vient de ses noirs frimats attrister la nature,
Cet animal, tapi dans son obscurité,
Jouït l'hyver des biens conquis durant l'esté.
Mais on ne la voit point, d'une humeur inconstante,
Paresseuse au printemps, en hyver diligente,
Affronter en plein champ les fureurs de janvier,
Ou demeurer oisive au retour du Belier.
Mais l'homme, sans arrest dans sa course insensée,
Voltige incessamment de pensée en pensée ;
Son cœur, toûjours flottant entre mille embarras,
Ne sçait ni ce qu'il veut, ni ce qu'il ne veut pas.

Ce qu'un jour il abhorre, en l'autre il le souhaite.
« Moi! j'irois épouser une femme coquette?
J'irois par ma constance, aux affronts endurci,
Me mettre au rang des saints qu'a celebrez Bussi?
Assez de sots sans moi feront parler la ville, »
Disoit, le mois passé, ce marquis indocile
Qui, depuis quinze jours dans le piege arresté,
Entre les bons maris pour exemple cité,
Croit que Dieu tout exprés d'une coste nouvelle
A tiré pour luy seul une femme fidelle.
Voilà l'homme en effet. Il va du blanc au noir.
Il condamne au matin ses sentimens du soir.
Importun à tout autre, à soi-mesme incommode,
Il change à tous momens d'esprit comme de mode;
Il tourne au moindre vent, il tombe au moindre choc
Aujourd'hui dans un casque, et demain dans un froc.

 Cependant, à le voir, plein de vapeurs legeres,
Soi-mesme se bercer de ses propres chimeres,
Lui seul de la nature est la bâze et l'appui,
Et le dixiéme ciel ne tourne que pour luy.
De tous les animaux il est, dit-il, le maistre.
Qui pouroit le nier? poursuis-tu. Moi, peut-estre.
Mais, sans examiner si, vers les antres sourds,
L'ours a peur du passant, ou le passant de l'ours,
Et si, sur un edict des pastres de Nubie,
Les lions de Barca vuideroient la Lybie,

Ce maistre pretendu qui leur donne des lois,
Ce roi des animaux, combien a-t-il de rois?
L'ambition, l'amour, l'avarice ou la haine
Tiennent comme un forçat son esprit à la chaîne.
Le sommeil sur ses yeux commence à s'épancher :
« Debout, dit l'Avarice, il est temps de marcher.
— Hé laissez-moi. — Debout. — Un moment. — Tu repliques
— A peine le soleil fait ouvrir les boutiques !
— N'importe, leve-toi. — Pour quoi faire, aprés tout?
— Pour courir l'Océan de l'un à l'autre bout,
Chercher jusqu'au Japon la porcelaine et l'ambre,
Rapporter de Goa le poivre et le gingembre.
— Mais j'ai des biens en foule, et je m'en puis passer.
— On n'en peut trop avoir, et, pour en amasser,
Il ne faut épargner ni crime ni parjure;
Il faut souffrir la faim, et coucher sur la dure;
Eust-on plus de tresors que n'en perdit Galet,
N'avoir en sa maison ni meubles ni valet;
Parmy les tas de bled vivre de seigle et d'orge;
De peur de perdre un liard, souffrir qu'on vous égorge.
— Et pourquoi cette épargne enfin? — L'ignores-tu?
Afin qu'un heritier bien nouri, bien vêtu,
Profitant d'un trésor en tes mains inutile,
De son train quelque jour embarrasse la ville. »
Que faire? il faut partir, les matelots sont prests.
Ou, si pour l'entraîner l'argent manque d'attraits,

Bien-tost l'Ambition, et toute son escorte,
Dans le sein du repos vient le prendre à main forte,
L'envoye en furieux, au milieu des hazards,
Se faire estropier sur les pas des Cesars,
Et, cherchant sur la bréche une mort indiscrete,
De sa folle valeur embellir la *Gazette*.
— Tout-beau, dira quelqu'un, raillez plus à propos :
Ce vice fut toûjours la vertu des heros.
Quoi donc! à vostre avis, fut-ce un fou qu'Alexandre?
— Qui? cet écervelé qui mit l'Asie en cendre?
Ce fougueux l'Angely, qui, de sang alteré,
Maistre du monde entier, s'y trouvoit trop serré?
L'enragé qu'il estoit, né roi d'une province
Qu'il pouvoit gouverner en bon et sage prince,
S'en alla follement, et pensant estre dieu,
Courir comme un bandit qui n'a ni feu ni lieu,
Et, traînant avec soi les horreurs de la guerre,
De sa vaste folie emplir toute la terre.
Heureux si de son temps, pour cent bonnes raisons,
La Macedoine eust eu des Petites-Maisons,
Et qu'un sage tuteur l'eust en cette demeure,
Par avis de parens, enfermé de bonne heure.

    Mais, sans nous égarer dans ces digressions,
Traiter, comme Senaut, toutes les passions,
Et, les distribuant par classes et par titres,
Dogmatizer en vers et rimer par chapitres,

Laissons-en discourir la Chambre ou Coëffeteau,
Et voïons l'homme enfin par l'endroit le plus beau.
Lui seul vivant, dit-on, dans l'enceinte des villes,
Fait voir d'honnestes mœurs, des coûtumes civiles,
Se fait des gouverneurs, des magistrats, des rois,
Observe une police, obéit à des lois.
Il est vrai. Mais pourtant, sans lois et sans police,
Sans craindre archers, prevost, ni suppost de justice,
Voit-on les loups brigans, comme nous inhumains,
Pour détrousser les loups courir les grands chemins?
Jamais pour s'agrandir vit-on, dans sa manie,
Un tigre en factions partager l'Hyrcanie?
L'ours a-t-il dans les bois la guerre avec les ours?
Le vautour dans les airs fond-il sur les vautours?
A-t-on veu quelquefois dans les plaines d'Afrique,
Déchirant à l'envi leur propre Republique,
Lions contre lions, parens contre parens,
Combattre follement pour le choix des tyrans[1]?
L'animal le plus fier qu'enfante la nature
Dans un autre animal respecte sa figure,
De sa rage avec lui modere les accés,
Vit sans bruit, sans debats, sans noise, sans procés.
Un aigle, sur un champ pretendant droit d'aubeine,
Ne fait point appeller un aigle à la huitaine.

1. Vers du *Cinna*.

Jamais, contre un renard chicanant un poulet,
Un renard de son sac n'alla charger Rolet.
Jamais la biche en rut n'a, pour fait d'impuissance,
Trainé du fond des bois un cerf à l'audiance,
Et jamais juge, entr'eux, ordonnant le congrés,
De ce burlesque mot n'a sali ses arrests.
On ne connoist chez eux ni placets ni requestes,
Ni haut ni bas conseil, ni chambre des enquestes.
Chacun l'un avec l'autre, en toute seureté,
Vit sous les pures loix de la simple équité.
L'homme seul, l'homme seul, en sa fureur extrême,
Met un brutal honneur à s'égorger soi-même.
C'estoit peu que sa main, conduite par l'enfer,
Eust paistri le salpestre, eust aiguisé le fer,
Il faloit que sa rage, à l'univers funeste,
Allast encor de loix embroüiller un Digeste,
Cherchast pour l'obscurcir des gloses, des docteurs,
Accablast l'équité sous des monceaux d'auteurs,
Et pour comble de maux apportast dans la France
Des harangueurs du temps l'ennuieuse éloquence.

    Doucement, diras-tu. Que sert de s'emporter?
L'homme a ses passions, on n'en sçauroit douter.
Il a, comme la mer, ses flots et ses caprices;
Mais ses moindres vertus balancent tous ses vices.
N'est-ce pas l'homme enfin dont l'art audacieux
Dans le tour d'un compas a mesuré les cieux?

Dont la vaste science, embrassant toutes choses,
A foüillé la nature, en a percé les causes?
Les animaux ont-ils des Universitez?
Voit-on fleurir chez eux des quatre Facultez?
Y voit-on des sçavans en droit, en medecine,
Endosser l'écarlate et se fourer d'hermine?
— Non sans doute, et jamais chez eux un medecin
N'empoisonna les bois de son art assassin;
Jamais docteur armé d'un argument frivole
Ne s'enroüa chez eux sur les bancs d'une école.
Mais, sans chercher au fond si nostre esprit deceu
Sçait rien de ce qu'il sçait, s'il a jamais rien sceu,
Toi-même, répon-moi. Dans le siecle où nous sommes,
Est-ce au pié du sçavoir qu'on mesure les hommes?
« Veux-tu voir tous les grands à ta porte courir?
Dit un pere à son fils dont le poil va fleurir.
Pren-moi le bon parti. Laisse-là tous les livres.
Cent francs au denier cinq, combien font-ils?—Vingt livres.
— C'est bien dit. Va, tu sçais tout ce qu'il faut sçavoir.
Que de biens, que d'honneurs sur toi s'en vont pleuvoir!
Exerce-toi, mon fils, dans ces hautes sciences,
Prens, au lieu d'un Platon, le *Guidon des finances*,
Sçache quelle province enrichit les traitans,
Combien le sel au Roi peut fournir tous les ans.
Endurcy-toi le cœur. Sois arabe, corsaire,
Injuste, violent, sans foi, double, faussaire.

Ne va point sottement faire le genereux,
Engraisse-toi, mon fils, du suc des malheureux,
Et, trompant de Colbert la prudence importune,
Va par tes cruautez meriter la fortune.
Aussi-tost tu verras poëtes, orateurs,
Rheteurs, grammairiens, astronomes, docteurs,
Dégrader les heros pour te mettre en leurs places,
De tes titres pompeux enfler leurs dedicaces,
Te prouver à toi-mesme en grec, hebreu, latin,
Que tu sçais de leur art et le fort et le fin.
Quiconque est riche est tout. Sans sagesse il est sage;
Il a sans rien sçavoir la science en partage.
Il a l'esprit, le cœur, le merite, le rang,
La vertu, la valeur, la dignité, le sang.
Il est aimé des grands, il est cheri des belles:
Jamais sur-intendant ne trouva de cruelles.
L'or mesme à la laideur donne un teint de beauté,
Mais tout devient affreux avec la pauvreté. »
C'est ainsi qu'à son fils un usurier habile
Trace vers la richesse une route facile;
Et souvent tel y vient qui sçait pour tout secret:
Cinq et quatre font neuf, ostez deux, reste sept.

Aprés cela, docteur, va paslir sur la Bible,
Va marquer les écueils de cette mer terrible,
Perce la sainte horreur de ce livre divin,
Confonds dans un ouvrage et Luther et Calvin,

Débroüille des vieux temps les querelles celebres,
Eclaircy des rabins les sçavantes tenebres,
Afin qu'en ta vieillesse un livre en maroquin
Aille offrir ton travail à quelque heureux faquin
Qui, pour digne loyer de la Bible éclaircie,
Te paye, en l'acceptant, d'un *Je vous remercie.*
Ou si ton cœur aspire à des honneurs plus grands,
Quitte là le bonnet, la Sorbonne et les bancs,
Et, prenant desormais un emploi salutaire,
Mets-toi chez un banquier ou bien chez un notaire.
Laisse-là saint Thomas s'accorder avec Scot,
Et conclus avec moi qu'un docteur n'est qu'un sot.
Un docteur? diras-tu, parlez de vous, poëte;
C'est pousser un peu loin votre muse indiscrete.
Mais sans perdre en discours le temps hors de saison,
L'homme, venez au fait, n'a-t-il pas la raison?
N'est-ce pas son flambeau, son pilote fidele?
Oüi. Mais de quoi lui sert que sa voix le rappelle,
Si, sur la foi des vents tout prest à s'embarquer,
Il ne voit point d'écueil qu'il ne l'aille choquer?
Et que sert à Cotin la raison qui lui crie :
N'écry plus, guéry-toi d'une vaine furie,
Si tous ces vains conseils, loin de la reprimer,
Ne font qu'accroistre en lui la fureur de rimer?
Tous les jours, de ses vers qu'à grand bruit il recite,
Il met chez lui voisins, parens, amis en fuite;

Car, lors que son démon commence à l'agiter,
Tout, jusqu'à sa servante, est prest à deserter.
Un asne, pour le moins, instruit par la nature,
A l'instinct qui le guide obeït sans murmure,
Ne va point follement de sa bizarre voix
Défier aux chansons les oiseaux dans les bois.
Sans avoir la raison, il marche sur sa route.
L'homme seul, qu'elle éclaire, en plein jour ne voit goute,
Reglé par ses avis, fait tout à contre temps,
Et dans tout ce qu'il fait, n'a ni raison ni sens.
Tout lui plaist et déplaist, tout le choque et l'oblige.
Sans raison il est gay, sans raison il s'afflige.
Son esprit au hazard aime, évite, poursuit,
Défait, refait, augmente, oste, éleve, détruit.
Et voit-on, comme luy, les ours ni les pantheres
S'effrayer sottement de leurs propres chimeres,
Plus de douze attroupés craindre le nombre impair,
Ou croire qu'un corbeau les menace dans l'air?
Jamais l'homme, dis moy, vit-il la beste folle
Sacrifier à l'homme, adorer son idole,
Lui venir, comme au dieu des saisons et des vents,
Demander à genoux la pluie ou le beau temps?
Non. Mais cent fois la beste a vû l'homme hypochondre,
Adorer le metal que lui-mesme il fit fondre ;
A vû dans un pays les timides mortels
Trembler aux pieds d'un singe assis sur leurs autels;

Et sur les bords du Nil les peuples imbecilles,
L'encensoir à la main, chercher les crocodiles.
 Mais pourquoi, diras-tu, cet exemple odieux?
Que peut servir ici l'Egypte et ses faux dieux?
Quoi! me prouverez-vous par ce discours profâne
Que l'homme, qu'un docteur est au dessous d'un asne?
Un asne, le joüet de tous les animaux,
Un stupide animal sujet à mille maux,
Dont le nom seul en soi comprend une satire?
Oüi, d'un asne: et qu'a-t-il qui nous excite à rire?
Nous nous mocquons de lui, mais s'il pouvoit un jour,
Docteur, sur nos defauts s'exprimer à son tour;
Si, pour nous reformer, le Ciel, prudent et sage,
De la parole enfin lui permettoit l'usage,
Qu'il pût dire tout haut ce qu'il se dit tout bas,
Ah! docteur, entre nous, que ne diroit-il pas?
Et que peut-il penser lorsque dans une ruë,
Au milieu de Paris, il promene sa veuë;
Qu'il voit de toutes parts les hommes bigarrez,
Les uns gris, les uns noirs, les autres chamarrez?
Que dit-il quand il voit, avec la mort en trousse,
Courir chez un malade un assassin en housse;
Qu'il trouve de pédans un escadron fouré
Suivi par un recteur de bedeaux entouré;
Ou qu'il voit la justice, en grosse compagnie,
Mener tuer un homme avec ceremonie?

Que pense-t-il de nous, lors que sur le midi
Un hazard au Palais le conduit un jeudi;
Lors qu'il entend de loin, d'une gueule infernale,
La Chicane en fureur mugir dans la Grand'Sale?
Que dit-il quand il voit les juges, les huissiers,
Les clercs, les procureurs, les sergens, les greffiers?
O! que si l'asne alors, à bon droit misanthrope,
Pouvoit trouver la voix qu'il eut au temps d'Esope!
De tous costez, docteur, voiant les hommes fous,
Qu'il diroit de bon cœur, sans en estre jaloux,
Content de ses chardons et secoüant la teste:
Ma foi, non plus que nous, l'homme n'est qu'une beste!

SATIRE IX

C'est à vous, mon esprit, à qui je veux parler.
Vous avez des defauts que je ne puis celer.
Assez et trop long-temps ma lâche complaisance
De vos jeux criminels a nouri l'insolence.
Mais, puisque vous poussez ma patience à bout,
Une fois en ma vie il faut vous dire tout.
  On croiroit, à vous voir, dans vos libres caprices,
Discourir en Caton des vertus et des vices,
Décider du merite et du prix des auteurs,
Et faire impunément la leçon aux docteurs,
Qu'estant seul à couvert des traits de la satire,
Vous avez tout pouvoir de parler et d'écrire.
Mais moi qui dans le fond sçais bien ce que j'en crois,
Qui compte tous les jours vos defaux par mes doigts,
Je ris quand je vous vois, si foible et si sterile,

Prendre sur vous le soin de reformer la ville,
Dans vos discours chagrins plus aigre et plus mordant
Qu'une femme en furie, ou Gautier[1] en plaidant.
Mais répondez un peu. Quelle verve indiscrette,
Sans l'aveu des neuf sœurs, vous a rendu poëte?
Sentez-vous, dites-moi, ces violens transports
Qui d'un esprit divin font mouvoir les ressorts?
Qui vous a pu souffler une si folle audace?
Phébus a-t-il pour vous applani le Parnasse?
Et ne sçavez-vous pas que sur ce mont sacré,
Qui ne vôle au sommet tombe au plus bas dégré,
Et qu'à moins d'estre au rang d'Horace ou de Voiture,
On rampe dans la fange avec l'abbé de Pure?

 Que si tous mes efforts ne peuvent reprimer
Cet ascendant malin qui vous force à rimer,
Sans perdre en vains discours tout le fruit de vos veilles,
Osez chanter du Roi les augustes merveilles.
Là, mettant à profit vos caprices divers,
Vous verriez tous les ans fructifier vos vers;
Et par l'espoir du gain votre muse animée
Vendroit au poids de l'or une once de fumée.
Mais envain, direz-vous, je pense vous tenter
Par l'éclat d'un fardeau trop pesant à porter.
Tout chantre ne peut pas, sur le ton d'un Orphée,

---

1. Avocat fameux et tres-mordant.

Entonner en grands vers *la Discorde étouffée,*
Peindre *Bellonne en feu tonnant de toutes parts,*
Et le Belge effrayé fuiant sur ses ramparts 1.
Sur un ton si hardi, sans estre temeraire,
Racan pourroit chanter au defaut d'un Homere;
Mais pour Cotin et moi, qui rimons au hazard,
Que l'amour de blâmer fit poëtes par art,
Quoiqu'un tas de grimauds vante nostre éloquence,
Le plus seur est pour nous de garder le silence.
Un poëme insipide et sottement flatteur
Deshonnore à la fois le heros et l'auteur;
Enfin, de tels projets passent nostre foiblesse.
Ainsi parle un esprit languissant de mollesse,
Qui sous l'humble dehors d'un respect affecté
Cache le noir venin de sa malignité.
Mais, deussiez-vous en l'air voir vos aîles fonduës,
Ne valoit-il pas mieux vous perdre dans les nuës
Que d'aller sans raison, d'un stile peu chrestien,
Faire insulte en rimant à qui ne vous dit rien,
Et du bruit dangereux d'un livre témeraire
A vos propres perils enrichir le libraire?

    Vous vous flattez peut-estre, en vostre vanité,
D'aller comme un Horace à l'immortalité;

---

1. Cette satire a esté faite dans le temps que le Roy prit L'Ille en Flandres.

Et déja vous croyez, dans vos rimes obscures,
Aux Saumaizes futurs préparer des tortures.
Mais combien d'écrivains, d'abord si bien receus,
Sont de ce fol espoir honteusement deceus !
Combien pour quelques mois ont veu fleurir leur livre,
Dont les vers en paquet se vendent à la livre !
Vous pourez voir un temps vos écrits, estimez,
Courir de main en main par la ville semez ;
Puis delà, tout poudreux, ignorez sur la terre,
Suivre chez l'épicier Neuf-Germain et la Serre ;
Ou, de trente feüillets reduits peut-estre à neuf,
Parer, demi-rongez, les rebords du Pont-neuf.
Le bel honneur pour vous en voyant vos ouvrages
Occuper le loisir des laquais et des pages,
Et souvent, dans un coin renvoyez à l'écart,
Servir de second tome aux airs du Savoyard [1] !

   Mais je veux que le sort, par un heureux caprice,
Fasse de vos écrits prosperer la malice,
Et qu'enfin vostre livre aille, au gré de vos vœux,
Faire sifler Cotin chez nos derniers neveux.
Que vous sert-il qu'un jour l'avenir vous estime,
Si vos vers aujourd'hui vous tiennent lieu de crime,
Et ne produisent rien, pour fruit de leurs bons mots,

---

1. Fameux chantre du Pont-neuf, dont on vante encore les chansons.

Que l'effroi du public et la haine des sots?.
Quel démon vous irrite et vous porte à médire?
Un livre vous déplaist : qui vous force à le lire?
Laissez mourir un fat dans son obscurité.
Un auteur ne peut-il pourir en seureté?
Le *Jonas*[1], inconnu, seche dans la poussiere;
Le *David*, imprimé, n'a point veu la lumiere;
Le *Moïse* commence à moisir par les bords?
Quel mal cela fait-il? Ceux qui sont morts sont morts.
Le tombeau contre vous ne peut-il les défendre?
Et qu'ont fait tant d'auteurs, pour remuer leur cendre?
Que vous ont fait Perrin, Bardin, Pradon, Haynaut,
Colletet, Pelletier, Titreville, Quinaut,
Dont les noms en cent lieux, placez comme en leurs niches,
Vont de vos vers malins remplir les hemistiches?
Ce qu'ils font vous ennuie. O le plaisant détour!
Ils ont bien ennuié le Roi, toute la Cour,
Sans que le moindre edit ayt, pour punir leur crime,
Retranché les auteurs ou supprimé la rime.
Escrive qui voudra : chacun à ce métier
Peut perdre impunément de l'encre et du papier.
Un roman, sans blesser les loix ni la coûtume,
Peut conduire un heros au dixiéme volume.

---

1. Poëme heroïque qui n'a point réüssi, non plus que le *David* ni le *Moïse*.

Delà vient que Paris voit chez luy de tout temps
Les auteurs à grands flots déborder tous les ans,
Et n'a point de portail où, jusques aux corniches,
Tous les piliers ne soient enveloppez d'affiches.
Vous seul, plus dégoûté, sans pouvoir et sans nom,
Viendrez regler les droits et l'estat d'Apollon !
Mais vous, qui raffinez sur les écrits des autres,
De quel œil pensez-vous qu'on regarde les vostres ?
Il n'est rien en ce temps à couvert de vos coups ;
Mais sçavez-vous aussi comme on parle de vous ?

Gardez-vous, dira l'un, de cet esprit critique :
On ne sçait bien souvent quelle mouche le pique ;
Mais c'est un jeune fou qui se croit tout permis,
Et qui pour un bon mot va perdre vingt amis.
Il ne pardonne pas aux vers de la *Pucelle*,
Et croit regler le monde au gré de sa cervelle.
Jamais dans le barreau trouva-t-il rien de bon ?
Peut-on si bien prêcher qu'il ne dorme au sermon ?
Mais lui, qui fait ici le regent du Parnasse,
N'est qu'un gueux revêtu des dépoüilles d'Horace.
Avant lui, Juvenal avoit dit en latin
Qu'on est assis à l'aise aux sermons de Cotin.
L'un et l'autre avant lui s'estoient plaints de la rime ;
Et c'est aussi sur eux qu'il rejette son crime :
Il cherche à se couvrir de ces noms glorieux.
J'ai peu lû ces auteurs, mais tout n'iroit que mieux

Quand de ces médisans l'engeance toute entiere
Iroit la teste en bas rimer dans la riviere.

 Voilà comme on vous traitte ; et le monde, effrayé,
Vous regarde déja comme un homme noyé.
Envain quelque rieur, prenant vostre défense,
Veut faire au moins de grâce adoucir la sentence :
Rien n'appaise un lecteur toûjours tremblant d'effroi,
Qui voit peindre en autrui ce qu'il remarque en soi.
Vous ferez-vous toûjours des affaires nouvelles,
Et faudra-t-il sans cesse essuyer des querelles?
N'entendrai-je qu'auteurs se plaindre et murmurer?
Jusqu'à quand vos fureurs doivent-elles durer?
Répondez, mon esprit ; ce n'est plus raillerie :
Dites... Mais, direz-vous, pourquoi cette furie ?
Quoi ! pour un maigre auteur que je glôze en passant,
Est-ce un crime, aprés tout, et si noir et si grand?
Et qui, voyant un fat s'applaudir d'un ouvrage
Où la droite raison trébuche à chaque page,
Ne s'écrie aussi-tost : *L'impertinent auteur !*
L'ennuyeux écrivain ! le maudit traducteur !
A quoi bon mettre au jour tous ces discours frivoles,
Et ces riens enfermez dans de grandes paroles ?

 Est-ce donc là médire, ou parler franchement?
Non, non; la médisance y va plus doucement.
Si l'on vient à chercher pour quel secret mystere
Alidor à ses frais bâtit un monastere :

Alidor, dit un fourbe, *il est de mes amis.*
Je l'ai connu laquais avant qu'il fust commis.
C'est un homme d'honneur, de pieté profonde,
Et qui veut rendre à Dieu ce qu'il a pris au monde.
 Voilà joüer d'adresse et médire avec art,
Et c'est avec respect enfoncer le poignard.
Un esprit né sans fard, sans basse complaisance,
Fuit ce ton radouci que prend la médisance.
Mais de blâmer des vers ou durs ou languissans,
De choquer un auteur qui choque le bon sens,
De railler d'un plaisant qui ne sçait pas nous plaire,
C'est ce que tout lecteur eut toûjours droit de faire.
 Tous les jours à la Cour un sot de qualité
Peut juger de travers avec impunité :
A Malherbe, à Racan, préferer Theophile,
Et le clinquant du Tasse à tout l'or de Virgile.
 Un clerc pour quinze sous, sans craindre le hola,
Peut aller au parterre attaquer *Attila,*
Et, si le roi des Huns ne lui charme l'oreille,
Traiter de Visigots tous les vers de Corneille.
 Il n'est valet d'auteur, ni copiste, à Paris,
Qui la balance en main ne péze les écrits.
Dés que l'impression fait éclorre un poëte,
Il est esclave né de quiconque l'achete.
Il se soûmet lui-mesme aux caprices d'autrui,
Et ses écrits tous seuls doivent parler pour lui.

Un auteur à genoux, dans une humble préface,
Au lecteur, qu'il ennuye, a beau demander grace :
Il ne gagnera rien sur ce juge irrité,
Qui lui fait son procés de pleine autorité.
　Et je serai le seul qui ne pourai rien dire?
On sera ridicule, et je n'oserai rire?
Et qu'ont produit mes vers de si pernicieux,
Pour armer contre moi tant d'auteurs furieux?
Loin de les décrier, je les ay fait paroistre;
Et souvent, sans ces vers qui les ont fait connoistre,
Leur talent dans l'oubli demeureroit caché.
Et qui sçauroit, sans moi, que Cotin a prêché?
La satire ne sert qu'à rendre un fat illustre,
C'est une ombre au tableau qui lui donne du lustre.
En les blâmant enfin, j'ai dit ce que j'en croy,
Et tel qui m'en reprend en pense autant que moy.
　Il a tort, dira l'un. *Pourquoi faut-il qu'il nomme?*
Attaquer Chapelain! ah! c'est un si bon homme!
Balzac en fait l'éloge en cent endroits divers.
Il est vrai, s'il m'eût crû, qu'il n'eût point fait de vers.
Il se tüe à rimer. Que n'écrit-il en prose?
Voila ce que l'on dit. Et que dis-je autre chose?
En blâmant ses écrits, ai-je, d'un stile affreux,
Distilé sur sa vie un venin dangereux?
Ma Muse en l'attaquant, charitable et discrette,
Sçait de l'homme d'honneur distinguer le poëte.

Qu'on vante en lui la foi, l'honneur, la probité;
Qu'on prise sa candeur et sa civilité;
Qu'il soit doux, complaisant, officieux, sincere :
On le veut, j'y souscris, et suis prest de me taire.
Mais que pour un modele on montre ses écrits,
Qu'il soit le mieux renté de tous les beaux esprits,
Comme roi des auteurs qu'on l'éleve à l'empire,
Ma bile alors s'échauffe, et je brûle d'écrire;
Et, s'il ne m'est permis de le dire au papier,
J'iray creuser la terre, et, comme ce barbier,
Faire dire aux roseaux par un nouvel orgâne :
Midas, le roi Midas, a des oreilles d'asne.

   Quel tort lui fais-je enfin? Ai-je par un écrit
Petrifié sa veine et glacé son esprit?
Quand un livre au Palais se vend et se debite,
Que chacun par ses yeux juge de son merite,
Que Bilaine l'étale au deuxiéme pilier,
Le dégoût d'un censeur peut-il le décrier?
Envain contre le *Cid* un ministre se ligue,
Tout Paris pour Chimene a les yeux de Rodrigue.
L'Academie en corps a beau le censurer,
Le public revolté s'obstine à l'admirer.
Mais, lors que Chapelain met une œuvre en lumiere,
Chaque lecteur d'abord luy devient un Liniere[1].

---

1. Auteur qui a écrit contre Chapelain.

Envain il a receu l'encens de mille auteurs,
Son livre en paroissant dément tous ses flateurs.
Ainsi, sans m'accuser, quand tout Paris le jouë,
Qu'il s'en prenne à ses vers, que Phébus desavouë;
Qu'il s'en prenne à sa muse, allemande en françois.
Mais laissons Chapelain pour la derniere fois.
 La satire, dit-on, est un métier funeste,
Qui plaist à quelques gens, et choque tout le reste.
La suitte en est à craindre : en ce hardi métier
La peur plus d'une fois fit repentir Regnier.
Quittez ces vains plaisirs, dont l'appas vous abuse ;
A de plus doux emplois occupez vostre muse,
Et laissez à Feüillet[1] reformer l'univers.
Et sur quoi donc faut-il que s'exercent mes vers?
Irai-je dans une ode, en phrases de Malherbe,
Troubler dans ses roseaux le Danube superbe,
Délivrer de Sion le peuple gemissant,
Faire trembler Memphis ou paslir le Croissant,
Et, passant du Jourdain les ondes alarmées,
Cueillir, mal à propos, *les palmes idumées?*
Viendrai-je, en une eglogue, entouré de troupeaux,
Au milieu de Paris enfler mes chalumeaux,
Et dans mon cabinet, assis au pied des hestres,
Faire dire aux échos des sottises champestres?

---

1. Fameux predicateur fort outré dans ses prédications.

Faudra-t-il de sens froid, et sans estre amoureux,
Pour quelque Iris en l'air faire le langoureux,
Lui prodiguer les noms de soleil et d'aurore,
Et, toûjours bien mangeant, mourir par metaphore?
Je laisse aux doucereux ce langage affeté,
Où s'endort un esprit de mollesse hebeté.
   La satire, en leçons, en nouveautez fertile,
Sçait seule assaisonner le plaisant et l'utile,
Et, d'un vers qu'elle épure aux rayons du bon sens,
Détrompe les esprits des erreurs de leur temps.
Elle seule, bravant l'orgueil et l'injustice,
Va jusques sous le dais faire paslir le vice,
Et souvent, sans rien craindre, à l'aide d'un bon mot,
Va vanger la raison des attentats d'un sot.
C'est ainsi que Lucile, appuyé de Lelie,
Fit justice en son temps des Cotins d'Italie,
Et qu'Horace, jettant le sel à pleines mains,
Se joüoit aux dépens des Pelletiers romains.
C'est elle qui, m'ouvrant le chemin qu'il faut suivre,
M'inspira dés quinze ans la haine d'un sot livre,
Et sur ce mont fameux, où j'osay la chercher,
Fortifia mes pas et m'apprit à marcher.
C'est pour elle, en un mot, que j'ay fait vœu d'écrire.
   Toutefois, s'il le faut, je veux bien m'en dédire,
Et, pour calmer enfin tous ces flots d'ennemis,
Reparer en mes vers les maux que j'ay commis.

Puisque vous le voulez, je vais changer de stile.
Je le declare donc : Quinaut est un Virgile ;
Pradon comme un soleil en nos ans a paru ;
Pelletier écrit mieux qu'Ablancourt ni Patru ;
Cotin, à ses sermons traînant toute la terre,
Fend les flots d'auditeurs pour aller à sa chaire ;
Saufal est le phenix des esprits relevez ;
Perrin... Bon, mon esprit, courage, poursuivez !
Mais ne voyez-vous pas que leur troupe, en furie,
Va prendre encor ces vers pour une raillerie ?
Et Dieu sçait, aussi-tost, que d'auteurs en couroux,
Que de rimeurs blessez, s'en vont fondre sur vous !
Vous les verrez bien-tost, feconds en impostures,
Amasser contre vous des volumes d'injures,
Traiter en vos écrits chaque vers d'attentat,
Et d'un mot innocent faire un crime d'Etat.
Vous aurez beau vanter le Roi dans vos ouvrages,
Et de ce nom sacré sanctifier vos pages :
Qui méprise Cotin n'estime point son Roi,
Et n'a, selon Cotin, ni Dieu, ni foi, ni loi.
Mais quoi ! répondrez-vous : Cotin nous peut-il nuire ?
Et par ses cris enfin que sçauroit-il produire ?
Interdire à mes vers, dont peut-estre il fait cas,
L'entrée aux pensions où je ne prétens pas ?
Non, pour loüer un Roi que tout l'univers loüe,
Ma langue n'attend point que l'argent la dénoüe ;

Et, sans esperer rien de mes foibles écrits,
L'honneur de le loüer m'est un trop digne prix.
On me verra toûjours, sage dans mes caprices,
De ce mesme pinceau, dont j'ay noirci les vices
Et peint du nom d'auteur tant de sots revêtus,
Luy marquer mon respect et tracer ses vertus.
Je vous crois: mais pourtant on crie, on vous menace.
Je crains peu, direz-vous, les braves du Parnasse.
Hé, mon Dieu, craignez tout d'un auteur en couroux,
Qui peut... Quoi? Je m'entens. Mais encor? Taisez-vous.

AU LECTEUR

Voici enfin la satire qu'on me demande depuis si long-temps. Si j'ai tant tardé à la mettre au jour, c'est que j'ai esté bien aise qu'elle ne parust qu'avec la nouvelle édition qu'on faisoit de mon livre, où je voulois qu'elle fust inserée. Plusieurs de mes amis, à qui je l'ai luë, en ont parlé dans le monde avec de grands éloges, et ont publié que c'estoit la meilleure de mes satires. Ils ne m'ont pas en cela fait plaisir. Je connois le public. Je sçai que naturellement il se revolte contre ces loüanges outrées qu'on donne aux ouvrages avant qu'ils ayent paru, et que la pluspart des lecteurs ne lisent ce qu'on leur a élevé si haut qu'avec un dessein formé de le rabbaisser.

Je declare donc que je ne veux point profiter de ces discours avantageux; et non seulement je laisse au *public son jugement libre, mais je donne plein pouvoir à tous ceux qui ont tant critiqué mon ode sur Namur d'exercer aussi contre ma satire toute la rigueur de leur critique. J'espere qu'ils le feront avec le mesme succés ; et je puis les assurer que tous leurs discours ne m'obligeront point à rompre l'espece de vœu que j'ai fait de ne jamais défendre mes ouvrages, quand on n'en attaquera que les mots et les syllabes. Je sçaurai fort bien soûtenir contre ces censeurs Homere, Horace, Virgile, et tous ces autres grands personnages dont j'admire les écrits; mais pour mes écrits, que je n'admire point, c'est à ceux qui les approuveront à trouver des raisons pour les deffendre. C'est tout l'avis que j'ai à donner icy au lecteur.*

La bienseance neanmoins voudroit, ce me semble, que je fisse icy quelque excuse au beau sexe de la liberté que je me suis donnée de peindre ses vices. Mais, au fond, toutes les peintures que je fais dans ma satire sont si generales que, bien loin d'apprehender que les femmes s'en offensent, c'est sur leur approbation et sur leur curiosité que je fonde la plus grande esperance du succés de mon ouvrage. Une chose au moins dont je suis certain qu'elles me loüeront, c'est d'avoir trouvé moyen, dans une matiere aussi délicate que celle que j'y traite, de ne pas laisser échaper un seul mot qui pust le moins du monde blesser la pudeur. J'es-

pere donc que j'obtiendrai aisément ma grace, et qu'elles ne seront pas plus choquées des predications que je fais contre leurs defauts, dans cette satire, que des satires que les predicateurs font tous les jours en chaire contre ces mesmes defauts.

SATIRE X

ENFIN, bornant le cours de tes galanteries,
Alcippe, il est donc vrai, dans peu tu te maries.
Sur l'argent, c'est tout dire, on est déja d'accord :
Ton beaupere futur vuide son coffre fort,
Et déja le notaire a, d'un stile energique,
Griffonné de ton joug l'instrument authentique.
C'est bien fait. Il est temps de fixer tes desirs.
Ainsi que ses chagrins, l'hymen a ses plaisirs.
Quelle joye en effet, quelle douceur extrême,
De se voir carressé d'une épouse qu'on aime,
De s'entendre appeller *petit cœur* ou *mon bon*,
De voir autour de soy croistre dans sa maison,
Sous les paisibles loix d'une agreable mere,
De petits citoyens dont on croit estre pere !
Quel charme, au moindre mal qui nous vient menacer,

De la voir aussi-tost accourir, s'empresser,
S'effrayer d'un peril qui n'a point d'apparence,
Et souvent de douleur se pasmer par avance !
Car tu ne seras point de ces jaloux affreux,
Habiles à se rendre inquiets, malheureux,
Qui, tandis qu'une épouse à leurs yeux se desole,
Pensent toûjours qu'un autre en secret la console.

 Mais quoy ! je voy déja que ce discours t'aigrit :
Charmé de Juvenal[1] et plein de son esprit,
Venez-vous, diras-tu, dans une piece outrée,
Comme luy nous chanter *que, dés le temps de Rhée*
La Chasteté déja, la rougeur sur le front,
Avoit chés les humains receu plus d'un affront;
Qu'on vit avec le fer naistre les injustices,
L'impieté, l'orgueil, et tous les autres vices;
Mais que la bonne foy, dans l'amour conjugal,
N'alla point jusqu'au temps du troisiéme métal[2] ?
Ces mots ont dans sa bouche une emphâze admirable;
Mais je vous dirai, moi, sans alleguer la fable,
Que si, sous Adam mesme et loin avant Noé,
Le vice audacieux, des hommes avoüé,
A la triste innocence en tous lieux fit la guerre,

---

1. Juvenal a fait une satire contre les femmes, qui est son plus bel ouvrage.

2. Paroles du commencement de la satire de Juvenal.

Il demeura pourtant de l'honneur sur la terre ;
Qu'aux temps les plus féconds en Phrynés, en Lays,
Plus d'une Penelope honora son pays,
Et que, mesme aujourd'hui, sur ces fameux modeles,
On peut trouver encor quelques femmes fideles.

Sans doute, et dans Paris, si je sçay bien compter,
Il en est jusqu'à trois que je pourois citer.
Ton épouse dans peu sera la quatrieme.
Je le veux croire ainsi ; mais la chasteté mesme,
Sous ce beau nom d'épouse, entrast-elle chés toy,
De retour d'un voyage, en arrivant, croy-moy,
Fais toûjours du logis avertir la maistresse.
Tel partit tout baigné des pleurs de sa Lucrece
Qui, faute d'avoir pris ce soin judicieux,
Trouva... Tu sçais... — Je sçai que d'un conte odieux
Vous avez comme moi sali vostre mémoire.
Mais laissons-là, dis-tu, Joconde et son histoire.
Du projet d'un hymen déja fort avancé,
Devant vous aujourd'hui criminel dénoncé,
Et mis sur la sellette aux piés de la critique,
Je voy bien tout de bon qu'il faut que je m'explique.

Jeune autrefois par vous dans le monde conduit,
J'ay trop bien proffité pour n'estre pas instruit
A quels discours malins le mariage expose.
Je sçai que c'est un texte où chacun fait sa glose ;
Que de maris trompez tout rit dans l'univers :

Epigrammes, chansons, rondeaux, fables en vers,
Satire, comedie ; et, sur cette matiere,
J'ay veu tout ce qu'ont fait La Fontaine et Moliere ;
J'ay leu tout ce qu'ont dit Villon et Saint Gelais,
Arioste, Marot, Bocace, Rabelais,
Et tous ces vieux recueils de satires naïves,
Des malices du sexe immortelles archives.
Mais, tout bien balancé, j'ay pourtant reconnu
Que de ces contes vains le monde entretenu
N'en a pas de l'hymen moins veu fleurir l'usage ;
Que sous ce joug mocqué tout à la fin s'engage ;
Qu'à ce commun filet les railleurs mesmes pris
Ont esté tres-souvent de commodes maris ;
Et que, pour estre heureux sous ce joug salutaire,
Tout dépend en un mot du bon choix qu'on sçait faire.
    Enfin, il faut icy parler de bonne foy :
Je vieillis, et ne puis regarder sans effroy
Ces neveux affamez dont l'importun visage
De mon bien, à mes yeux, fait déja le partage.
Je crois deja les voir, au moment annoncé
Qu'à la fin sans retour leur cher oncle est passé,
Sur quelques pleurs forcez qu'ils auront soin qu'on voye,
Se faire consoler du sujet de leur joye.
Je me fais un plaisir, à ne vous rien celer,
De pouvoir, moi vivant, dans peu les desoler,
Et, trompant un espoir pour eux si plein de charmes,

Arracher de leurs yeux de veritables larmes.

 Vous dirai-je encor plus? soit foiblesse ou raison,
Je suis las de me voir, les soirs, en ma maison,
Seul avec des valets souvent voleurs et traistres,
Et toûjours, à coup seur, ennemis de leurs maistres.
Je ne me couche point qu'aussi-tost dans mon lit
Un souvenir fascheux n'apporte à mon esprit
Ces histoires de morts lamentables, tragiques,
Dont Paris tous les ans peut grossir ses chroniques.
Dépoüillons-nous icy d'une vaine fierté.
Nous naissons, nous vivons pour la société.
A nous-mesmes livrez dans une solitude,
Nostre bonheur bien-tost fait nostre inquietude;
Et si, durant un jour, nostre premier ayeul,
Plus riche d'une côte, avoit vescu tout seul,
Je doute, en sa demeure alors si fortunée,
S'il n'eust point prié Dieu d'abreger la journée.
N'allons donc point icy reformer l'univers,
Ni, par de vains discours et de frivoles vers
Etalant au public nostre misanthropie,
Censurer le lien le plus doux de la vie.
Laissons-là, croyez-moy, le monde tel qu'il est.
L'hymenée est un joug, et c'est ce qui m'en plaist.
L'homme, en ses passions, toûjours errant sans guide,
A besoin qu'on lui mette et le mors et la bride.
Son pouvoir malheureux ne sert qu'à le gesner,

Et, pour le rendre libre, il le faut enchaîner.
C'est ainsi que souvent la main de Dieu l'assiste.
 Ha bon ! voila parler en docte janseniste,
Alcippe, et, sur ce point si sçavamment touché,
Desmâres[1], dans Saint-Roch, n'auroit pas mieux prêché.
Mais c'est trop t'insulter. Quittons la raillerie;
Parlons sans hyperbole et sans plaisanterie.
Tu viens de mettre icy l'hymen en son beau-jour.
Entens donc, et permets que je prêche à mon tour.
 L'épouse que tu prens, sans tache en sa conduite,
Aux vertus, m'a-t-on dit, dans Port-Royal instruite,
Aux loix de son devoir regle tous ses desirs.
Mais qui peut t'asseurer qu'invincible aux plaisirs,
Chez toy, dans une vie ouverte à la licence,
Elle conservera sa premiere innocence?
Par toi-mesme bien-tost conduite à l'Opera,
De quel air penses-tu que ta sainte verra
D'un spectacle enchanteur la pompe harmonieuse,
Ces danses, ces heros à voix luxurieuse;
Entendra ces discours sur l'amour seul roulans,
Ces doucereux Renauds, ces insensez Rolands;
Sçaura d'eux qu'à l'Amour, comme au seul Dieu suprême,
On doit immoler tout, jusqu'à la vertu même;
Qu'on ne sçauroit trop tost se laisser enflammer,

---

1. Le pere Desmâres, fameux predicateur.

Qu'on n'a receu du Ciel un cœur que pour aimer,
Et tous ces lieux communs de morale lubrique
Que Lully rechauffa des sons de sa musique?
Mais de quels mouvemens dans son cœur excités
Sentira-t-elle alors tous ses sens agités?
Je ne te répons pas qu'au retour, moins timide,
Digne écoliere enfin d'Angelique et d'Armide,
Elle n'aille à l'instant, pleine de ces doux sons,
Avec quelque Médor pratiquer ces leçons.

 Supposons, toutefois, qu'encor fidelle et pure,
Sa vertu de ce choc revienne sans blessure:
Bien-tost, dans ce grand monde où tu vas l'entraîner,
Au milieu des écueils qui vont l'environner,
Crois-tu que, toûjours ferme, aux bords du précipice
Elle pourra marcher sans que le pié luy glisse?
Que, toûjours insensible aux discours enchanteurs
D'un idolatre amas de jeunes seducteurs,
Sa sagesse jamais ne deviendra folie?
D'abord tu la verras, ainsi que dans *Clélie*,
Recevant ses amans sous le doux nom d'amis,
S'en tenir avec eux aux petits soins permis;
Puis, bien-tost, en grande eau, sur le fleuve de Tendre
Naviger à souhait, tout dire et tout entendre.
Et ne présume pas que Venus ou Satan
Souffre qu'elle en demeure aux termes du roman.
Dans le crime, il suffit qu'une fois on débute.

Une chûte toûjours attire une autre chûte.
L'honneur est comme une isle escarpée et sans bords :
On n'y peut plus rentrer dés qu'on en est dehors.
Peut-estre, avant deux ans, ardente à te déplaire,
Éprise d'un cadet, yvre d'un mousquetaire,
Nous la verrons hanter les plus honteux brelans,
Donner chez la Cornu rendez-vous aux galans ;
De Phêdre dédaignant la pudeur enfantine,
Suivre à front découvert Z... et Messaline ;
Conter pour grands exploits vingt hommes ruinés,
Blessés, battus pour elle, et quatre assassinés ;
Trop heureux si, toûjours femme desordonnée,
Sans mesure et sans regle au vice abandonnée,
Par cent traits d'impudence, aisés à ramasser,
Elle t'acquiert au moins un droit pour la chasser.
 Mais que deviendras-tu si, folle en son caprice,
N'aimant que le scandale et l'éclat dans le vice,
Bien moins pour son plaisir que pour t'inquieter,
Au fond peu vicieuse, elle aime à coqueter ?
Entre nous, verras-tu d'un esprit bien tranquille
Chez ta femme aborder et la cour et la ville ?
Tout, hormis toy, chés toy rencontre un doux accueil :
L'un est payé d'un mot, et l'autre d'un coup d'œil.
Ce n'est que pour toy seul qu'elle est fiere et chagrine,
Aux autres elle est douce, agreable, badine ;
C'est pour eux qu'elle étale et l'or et le brocard,

Que chez toi se prodigue et le rouge et le fard,
Et qu'une main sçavante, avec tant d'artifice,
Bastit de ses cheveux le galant édifice.
Dans sa chambre, croy-moi, n'entre point tout le jour.
Si tu veux posseder ta Lucrece à ton tour,
Atten, discret mari, que la belle, en cornette,
Le soir ait étalé son teint sur la toilete,
Et dans quatre mouchoirs, de sa beauté salis,
Envoye au blanchisseur ses roses et ses lys.
Alors, tu peux entrer; mais, sage en sa présence,
Ne va pas murmurer de sa folle dépense.
D'abord, l'argent en main, paye et viste et comptant.
Mais non, fay mine un peu d'en estre mécontent,
Pour la voir aussi-tost, sur ses deux piés haussée,
Déplorer sa vertu, si mal recompensée :
Un mari ne veut pas fournir à ses besoins;
Jamais femme, aprés tout, a-t-elle cousté moins?
A cinq cens loüis d'or, tout au plus, chaque année
Sa dépense en habits n'est-elle pas bornée?
Que répondre? Je voy qu'à de si justes cris
Toi-mesme convaincu déja tu t'attendris,
Tout prest à la laisser, pourveu qu'elle s'appaise.
Dans ton coffre en pleins sacs puiser tout à son aise.

A quoi bon, en effet, t'allarmer de si peu?
Hé! que seroit-ce donc si, le démon du jeu
Versant dans son esprit sa ruineuse rage,

Tous les jours mis par elle à deux doigts du naufrage,
Tu voyois tous tes biens, au sort abandonnés,
Devenir le butin d'un pique ou d'un sonnés !
Le doux charme pour toi de voir chaque journée
De nobles champions ta femme environnée,
Sur une table longue et façonnée exprés,
D'un tournois de bassette ordonner les apprests ;
Ou, si par un arrest la grossiere police
D'un jeu si necessaire interdit l'exercice,
Ouvrir sur cette table un champ au lansquenet,
Ou promener trois dez chassés de son cornet ;
Puis sur une autre table, avec un air plus sombre,
S'en aller mediter une vole au jeu d'ombre ;
S'écrier sur un as mal à propos jetté,
Se plaindre d'un gâno qu'on n'a point écouté,
Ou, querellant tout bas le Ciel, qu'elle regarde,
A la beste gemir d'un roy venu sans garde.
Chés elle, en ces emplois, l'aube du lendemain
Souvent la trouve encor les cartes à la main.
Alors, pour se coucher les quittant non sans peine,
Elle plaint le malheur de la nature humaine
Qui veut qu'en un sommeil, où tout s'ensevelit,
Tant d'heures sans joüer se consument au lit.
Toutefois, en partant la trouppe la console,
Et d'un prochain retour chacun donne parole.
C'est ainsi qu'une femme en doux amuzemens

Sçait du temps qui s'envôle employer les momens;
C'est ainsi que souvent par une forcenée
Une triste famille, à l'hospital traînée,
Voit ses biens, en decret sur tous les murs écrits,
De sa déroute illustre effrayer tout Paris.

Mais que plûtost son jeu mille fois te ruïne,
Que si la famelique et honteuse lézine
Venant, mal à propos, la saisir au collet,
Elle te reduisoit à vivre sans valet,
Comme ce magistrat de hideuse memoire
Dont je veux bien ici te crayonner l'histoire.

Dans la robbe on vantoit son illustre maison.
Il estoit plein d'esprit, de sens et de raison.
Seulement, pour l'argent un peu trop de foiblesse
De ces vertus en lui ravaloit la noblesse.
Sa table toutefois, sans superfluité,
N'avoit rien que d'honneste en sa frugalité.
Chés lui, deux bons chevaux de pareille encolûre
Trouvoient dans l'écurie une pleine pasture,
Et du foin que leur bouche au ratelier laissoit
De surcroist une mule encor se nourrissoit.
Mais cette soif de l'or qui le brusloit dans l'ame
Le fit enfin songer à choisir une femme,
Et l'honneur dans ce choix ne fut point regardé:
Vers son triste penchant son naturel guidé
Le fit dans une avare et sordide famille

Chercher un monstre affreux sous l'habit d'une fille,
Et, sans trop s'enquerir d'où la laide venoit,
Il sçût, ce fut assés, l'argent qu'on lui donnoit.
Rien ne le rebutta, ni sa veuë éraillée,
Ni sa masse de chair bizarrement taillée;
Et trois cens mille francs avec elle obtenus
La firent à ses yeux plus belle que Vénus.
Il l'épouze, et bien-tost son hostesse nouvelle,
Le preschant, lui fit voir qu'il estoit, au prix d'elle,
Un vrai dissipateur, un parfait débauché.
Lui-mesme le sentit, reconnut son peché,
Se confessa prodigue, et, plein de repentance,
Offrit sur ses avis de regler sa dépense.
Aussi-tost de chés eux tout rosti disparut;
Le pain bis renfermé d'une moitié décrut;
Les deux chevaux, la mule, au marché s'envolerent;
Deux grands laquais, à jeun, sur le soir s'en allerent.
De ces coquins déja l'on se trouvoit lassé,
Et, pour n'en plus revoir, le reste fut chassé.
Deux servantes déja, largement sousletées,
Avoient à coups de pié descendu les montées,
Et, se voyant enfin hors de ce triste lieu,
Dans la ruë en avoient rendu graces à Dieu.
Un vieux valet restoit, seul cheri de son maistre,
Que toûjours il servit, et qu'il avoit veu naistre,
Et qui, de quelque somme amassée au bon temps,

Vivoit encor chés eux, partie à ses dépens.
Sa veuë embarrassoit; il fallut s'en défaire :
Il fut de la maison chassé comme un corsaire.
Voilà nos deux époux sans valets, sans enfans,
Tous seuls dans leur logis, libres et triomphans.
Alors on ne mit plus de borne à la lézine :
On condamna la cave, on ferma la cuisine;
Pour ne s'en point servir aux plus rigoureux mois,
Dans le fond d'un grenier on sequestra le bois.
L'un et l'autre deslors vécut à l'aventure
Des présens qu'à l'abri de la magistrature
Le mari quelquefois des plaideurs extorquoit,
Ou de ce que la femme aux voisins excroquoit.

 Mais, pour bien mettre ici leur crasse en tout son lustre,
Il faut voir du logis sortir ce couple illustre;
Il faut voir le mari tout poudreux, tout souillé,
Couvert d'un vieux chappeau de cordon dépouillé,
Et de sa robbe, envain de pieces rajeunie,
A pié dans les ruisseaux traînant l'ignominie.
Mais qui pourroit compter le nombre de haillons,
De pieces, de lambeaux, de sales guenillons,
De chiffons ramassés dans la plus noire ordure,
Dont la femme aux bons jours composoit sa parure?
Décrirai-je ses bas, en trente endroits percés,
Ses souliers grimassans, vingt fois rappetassés,
Ses coëffes, d'où pendoit au bout d'une ficelle

Un vieux masque pelé presque aussi hideux qu'elle?
Peindrai-je son juppon, bigarré de latin,
Qu'ensemble composoient trois théses de satin,
Présent qu'en un procez sur certain privilége
Firent à son mari les regens d'un collége,
Et qui, sur cette juppe, à maint rieur encor,
Derriere elle faisoit dire: *Argumentabor?*

 Mais peut-estre j'invente une fable frivole.
Déments donc tout Paris, qui, prenant la parole,
Sur ce sujet encor de bons témoins pourveû,
Tout prest à le prouver, te dira: Je l'ay veû.
Vingt ans, j'ay veû ce couple, uni d'un mesme vice,
A tous mes habitans montrer que l'avarice
Peut faire dans les biens trouver la pauvreté,
Et nous reduire à pis que la mendicité.
Des voleurs qui chez eux pleins d'esperance entrerent
De cette triste vie enfin les délivrerent:
Digne et funeste fruit du nœud le plus affreux
Dont l'hymen ait jamais uni deux malheureux.

 Ce recit passe un peu l'ordinaire mesure.
Mais un exemple enfin si digne de censure
Peut-il dans la satire occuper moins de mots?
Chacun sçait son métier: suivons nostre propos.
Nouveau predicateur aujourd'hui, je l'avouë,
Ecolier, ou plûtost singe de Bourdalouë,
Je me plais à remplir mes sermons de portraits.

En voila déja trois peints d'assez heureux traits :
La femme sans honneur, la coquette, et l'avare.
Il faut y joindre encor la revesche bizarre,
Qui sans cesse, d'un ton par la colere aigri,
Gronde, choque, dément, contredit un mari.
Il n'est point de repos ni de paix avec elle.
Son mariage n'est qu'une longue querelle.
Laisse-t-elle un moment respirer son époux,
Ses valets sont d'abord l'objet de son courroux,
Et, sur le ton grondeur lorsqu'elle les harangue,
Il faut voir de quels mots elle enrichit la langue.
Ma plume ici, traçant ces mots par alphabet,
Pourroit d'un nouveau tôme augmenter Richelet.
Tu crains peu d'essuyer cette étrange furie ;
En trop bon lieu, dis-tu, ton épouse nourie
Jamais de tels discours ne te rendra martyr.
Mais eut-elle sucé la raison dans Saint-Cyr,
Crois-tu que d'une fille humble, honneste, charmante,
L'hymen n'ait jamais fait de femme extravagante ?
Combien n'a-t-on point veu de belles aux doux yeux,
Avant le mariage anges si gracieux,
Tout à coup se changeant en bourgeoises sauvages,
Vrais démons, apporter l'enfer dans leurs ménages,
Et, découvrant l'orgueil de leurs rudes esprits,
Sous leur fontange altiere asservir leurs maris ?
   Et puis, quelque douceur dont brille ton épouze,

Penses-tu, si jamais elle devient jalouze,
Que son ame, livrée à ses tristes soupçons,
De la raison encor écoute les leçons?
Alors, Alcippe, alors, tu verras de ses œuvres.
Resou-toi, pauvre époux, à vivre de couleuvres;
A la voir tous les jours, dans ses fougueux accez,
A ton geste, à ton rire intenter un procez;
Souvent, de ta maison gardant les avenuës,
Les cheveux herissez, t'attendre au coin des ruës,
Te trouver en des lieux de vingt portes fermés,
Et par tout où tu vas, dans ses, yeux enflammés,
T'offrir, non pas d'Isis la tranquille Eumenide[1],
Mais la vraye Alecto peinte dans l'*Eneïde*,
Un tison à la main chez le roy Latinus,
Souflant sa rage au sein d'Amate et de Turnus.
Mais quoy! je chausse icy le cothurne tragique.
Reprenons au plûtost le brodequin comique,
Et d'objets moins affreux songeons à te parler.
Dy-moy donc, laissant là cette folle heurler,
T'accommodes-tu mieux de ces douces Ménades
Qui, dans leurs vains chagrins, sans mal toûjours malades,
Se font, des mois entiers, sur un lit effronté,
Traiter d'une visible et parfaite santé,

1. Furie, dans l'opera d'*Isis*, qui demeure presque toûjours
à ne rien faire.

Et douze fois par jour, dans leur molle indolence,
Aux yeux de leurs maris tombent en défaillance?
Quel sujet, dira l'un, peut donc si frequemment
Mettre ainsi cette belle aux bords du monument?
La Parque, ravissant ou son fils ou sa fille,
A-t-elle moissonné l'espoir de sa famille?
Non : il est question de reduire un mari
A chasser un valet dans la maison cheri,
Et qui, parce qu'il plaist, a trop sceu lui déplaire;
Ou de rompre un voyage utile et necessaire,
Mais qui la priveroit huit jours de ses plaisirs,
Et qui loin d'un galant, objet de ses desirs...
O! que, pour la punir de cette comedie,
Ne lui vois-je une vraye et triste maladie!
Mais ne nous fâchons point. Peut-estre, avant deux jours,
Courtois et Denyau, mandés à son secours,
Digne ouvrage de l'art dont Hippocrate traite,
Lui sçauront bien oster cette santé d'athlete,
Pour consumer l'humeur qui fait son embonpoint,
Lui donner sagement le mal qu'elle n'a point,
Et, fuyant de Fagon les maximes énormes,
Au tombeau merité la mettre dans les formes.
Dieu veüille avoir son ame, et nous délivre d'eux.
Pour moy, grand ennemi de leur art hazardeux,
Je ne puis, cette fois, que je ne les excuse.
Mais à quels vains discours est-ce que je m'amuse?

Il faut sur des sujets plus grands, plus curieux,
Attacher, de ce pas, ton esprit et tes yeux.
 Qui s'offrira d'abord? Bon, c'est cette sçavante
Qu'estime Roberval, et que Sauveur frequente.
D'où vient qu'elle a l'œil trouble et le teint si terni?
C'est que, sur le calcul, dit-on, de Cassini,
Un astrolabe en main, elle a, dans sa goûtiere,
A suivre Jupiter passé la nuit entiere.
Gardons de la troubler. Sa science, je croy,
Aura pour s'occuper ce jour plus d'un employ.
D'un nouveau microscope on doit, en sa presence,
Tantost, chez Dalancé, faire l'experience;
Puis d'une femme morte avec son embryon
Il faut chez Du Vernay voir la dissection.
Rien n'échappe aux regards de nostre curieuse.
 Mais qui vient sur ses pas? C'est une précieuse,
Reste de ces esprits jadis si renommez
Que d'un coup de son art Moliere a diffamez.
De tous leurs sentimens cette noble heritiere
Maintient encore ici leur secte façonniere.
C'est chez elle toûjours que les fades auteurs
S'en vont se consoler du mépris des lecteurs.
Elle y reçoit leur plainte, et sa docte demeure
Aux Perrins, aux Corras est ouverte à toute heure.
Là du faux bel esprit se tiennent les bureaux.
Là, tous les vers sont bons, pourvû qu'ils soient nouveaux.

Au mauvais goust public la belle y fait la guerre,
Plaint Pradon, opprimé des siflets du parterre,
Rit des vains amateurs du grec et du latin,
Dans la balance met Aristote et Cotin ;
Puis, d'une main encor plus fine et plus habile,
Péze sans passion Chappelain et Virgile ;
Remarque en ce dernier beaucoup de pauvretez,
Mais pourtant, confessant qu'il a quelques beautez,
Ne trouve en Chappelain, quoy qu'ait dit la satire,
Autre défaut, sinon qu'on ne le sçauroit lire,
Et, pour faire goûter son livre à l'univers,
Croit qu'il faudroit en prôse y mettre tous les vers.

  A quoy bon m'étaler cette bizarre école
Du mauvais sens, dis-tu, presché par une folle ?
De livres et d'écrits bourgeois admirateur,
Vai-je épouser icy quelque apprentie auteur ?
Sçavez-vous que l'épouse avec qui je me lie
Compte entre ses parens des princes d'Italie ?
Sort d'ayeux dont les noms... — Je t'entens, et je voy
D'où vient que tu t'es fait secretaire du Roy :
Il falloit de ce titre appuyer ta naissance.
Cependant, t'avoûrai-je icy mon insolence ?
Si quelque objet pareil chez moy, deçà les monts,
Pour m'épouser entroit avec tous ces grands noms,
Le sourcil rehaussé d'orgueilleuses chimeres,
Je lui dirois bien-tost : « Je connois tous vos peres :

Je sçay qu'ils ont brillé dans ce fameux combat
Où sous l'un des Valois Enguien sauva l'Etat[1].
D'Hozier n'en convient pas ; mais, quoy qu'il en puisse estre
Je ne suis point si sot que d'épouser mon maistre.
Ainsi donc, au plûtost délogeant de ces lieux,
Allez, princesse, allez avec tous vos ayeux,
Sur le pompeux débris des lances espagnoles,
Coucher, si vous voulez, aux champs de Cerizoles :
Ma maison ni mon lit ne sont point faits pour vous. »
   J'admire, poursuis-tu, vostre noble courroux.
Souvenez-vous pourtant que ma famille illustre
De l'assistance au sceau ne tire point son lustre,
Et que, né dans Paris de magistrats connus,
Je ne suis point icy de ces nouveaux venus,
De ces nobles sans nom que, par plus d'une voye,
La province souvent en guestres nous envoye.
Mais, eussai-je comme eux des meûniers pour parens,
Mon epouze vint-elle encor d'ayeux plus grands,
On ne la verroit point, vantant son origine,
A son triste mari reprocher la farine.
Son cœur, toûjours nouri dans la devotion,
De trop bonne heure apprit l'humiliation ;
Et, pour vous détromper de la pensée estrange

---

1. Combat de Cerizoles gagné par le duc d'Enguien en Italie.

Que l'hymen aujourd'hui la corrompe et la change,
Sçachez qu'en nostre accord elle a, pour premier point,
Exigé qu'un époux ne la contraindroit point
A traîner aprés elle un pompeux équipage,
Ni sur tout de souffrir, par un profâne usage,
Qu'à l'eglise jamais, devant le Dieu jaloux,
Un fastueux carreau soit veu sous ses genoux.
Telle est l'humble vertu qui, dans son ame emprainte...
— Je le voy bien, tu vas épouzer une sainte ;
Et dans tout ce grand zele il n'est rien d'affecté.
Sçais-tu bien cependant, sous cette humilité,
L'orgueil que quelquefois nous cache une bigotte,
Alcippe, et connois-tu la nation devote ?
Il te faut de ce pas en tracer quelques traits,
Et par ce grand portrait finir tous mes portraits.

A Paris, à la Cour, on trouve, je l'avouë,
Des femmes dont le zele est digne qu'on le louë,
Qui s'occupent du bien en tout temps, en tout lieu.
J'en sçais une cherie et du monde et de Dieu,
Humble dans les grandeurs, sage dans la fortune,
Qui gemit, comme Esther, de sa gloire importune,
Que le vice lui-même est contraint d'estimer,
Et que sur ce tableau d'abord tu vas nommer.
Mais, pour quelques vertus si pures, si sinceres,
Combien y trouve-t-on d'impudentes faussaires
Qui, sous un vain dehors d'austere pieté,

De leurs crimes secrets cherchent l'impunité,
Et couvrent, de Dieu même, empraint sur leur visage
De leurs honteux plaisirs l'affreux libertinage?
N'atten pas qu'à tes yeux j'aille icy l'étaler.
Il vaut mieux le souffrir que de le dévoiler.
De leurs galans exploits les Bussis, les Brantômes,
Pouroient avec plaisir te compiler des tômes,
Mais, pour moy dont le front trop aisément rougit,
Ma bouche a déja peur de t'en avoir trop dit.
Rien n'égale en fureur, en monstrueux caprices,
Une fausse vertu qui s'abandonne aux vices.

 De ces femmes pourtant l'hypocrite noirceur
Au moins pour un mari garde quelque douceur.
Je les aime encor mieux qu'une bigotte altiere
Qui, dans son fol orgueil, aveugle et sans lumiere,
A peine sur le seüil de la devotion,
Pense atteindre au sommet de la perfection;
Qui du soin qu'elle prend de me gesner sans cesse
Va quatre fois par mois se vanter à confesse,
Et, les yeux vers le ciel, pour se le faire ouvrir,
Offre à Dieu les tourmens qu'elle me fait souffrir.

 Sur cent pieux devoirs aux saints elle est égale.
Elle lit Rodriguez, fait l'oraison mentale,
Va pour les malheureux quester dans les maisons,
Hante les hospitaux, visite les prisons,
Tous les jours à l'eglise entend jusqu'à six messes;

Mais de combattre en elle et domter ses foiblesses,
Sur le fard, sur le jeu, vaincre sa passion,
Mettre un frein à son luxe, à son ambition,
Et soûmettre l'orgueil de son esprit rebelle,
C'est ce qu'envain le Ciel voudroit exiger d'elle.
Et peut-il, dira-t-elle, en effet l'exiger?
Elle a son directeur, c'est à lui d'en juger.
Il faut, sans differer, sçavoir ce qu'il en pense.
Bon! vers nous à propos je le vois qui s'avance.
Qu'il paroist bien nouri! Quel vermillon! quel teint!
Le printemps dans sa fleur sur son visage est peint!
Cependant, à l'entendre, il se soûtient à peine.
Il eut encore hier la fiévre et la migraine,
Et, sans les promts secours qu'on prit soin d'apporter,
Il seroit sur son lit peut-estre à tremblotter.
Mais de tous les mortels, grace aux devotes ames,
Nul n'est si bien soigné qu'un directeur de femmes.
Quelque leger dégoust vient-il le travailler,
Une foible vapeur le fait-elle bâailler,
Un escadron coëffé d'abord court à son aide;
L'une chauffe un boüillon, l'autre appreste un remedé;
Chez luy syrops exquis, ratafias vantés,
Confitures sur tout volent de tous costés;
Car de tous mets sucrez, secs, en paste ou liquides,
Les estomachs devots toûjours furent avides;
Le premier masse-pain pour eux, je croy, se fit,

Et le premier citron à Roüen fut confit.
  Nostre docteur bien-tost va lever tous ses doutes,
Du paradis pour elle il applanit les routes;
Et, loin sur ses defauts de la mortifier,
Lui-mesme prend le soin de la justifier.
Pourquoy vous alarmer d'une vaine censure?
Du rouge qu'on vous voit on s'étonne, on murmure :
Mais a-t-on, dira-t-il, sujet de s'étonner?
Est-ce qu'à faire peur on veut vous condamner?
Aux usages receus il faut qu'on s'accommode;
Une femme sur tout doit tribut à la mode.
L'orgueil brille, dit-on, sur vos pompeux habits;
L'œil à peine soutient l'éclat de vos rubis.
Dieu veut-il qu'on étale un luxe si profâne?
Oüy, lors qu'à l'étaler nostre rang nous condamne.
Mais ce grand jeu chez vous comment l'autorizer?
Le jeu fut de tout temps permis pour s'amuzer.
On ne peut pas toûjours travailler, prier, lire;
Il vaut mieux s'occuper à joüer qu'à médire.
Le plus grand jeu, joüé dans cette intention,
Peut mesme devenir une bonne action.
Tout est sanctifié par une ame pieuse.
Vous estes, poursuit-on, avide, ambitieuse,
Sans cesse vous brûlez de voir tous vos parens
Engloutir à la Cour charges, dignitez, rangs.
Vostre bon naturel en cela pour eux brille.

Dieu ne nous défend point d'aimer nostre famille.
D'ailleurs tous vos parens sont sages, vertueux;
Il est bon d'empescher ces emplois fastueux
D'estre donnez peut-estre à des ames mondaines,
Eprises du neant des vanitez humaines.
Laissez-là, croyez-moy, gronder les indevots,
Et sur vostre salut demeurez en repos.
 Sur tous ces points douteux c'est ainsi qu'il prononce.
Alors, croyant d'un ange entendre la réponse,
Sa devote s'incline et, calmant son esprit,
A cet ordre d'en haut sans replique souscrit.
Ainsi, pleine d'erreurs qu'elle croit legitimes,
Sa tranquille vertu conserve tous ses crimes;
Dans un cœur tous les jours nouri du sacrement
Maintient la vanité, l'orgueil, l'entestement,
Et croit que devant Dieu ses frequens sacriléges
Sont pour entrer au ciel d'assurez priviléges.
Voilà le digne fruit des soins de son docteur.
Encore est-ce beaucoup, si ce guide imposteur,
Par les chemins fleuris d'un charmant quietisme,
Tout à coup l'amenant au vrai molinozisme,
Il ne luy fait bien-tost, aidé de Lucifer,
Gouster en paradis les plaisirs de l'enfer.
 Mais, dans ce doux état, molle, délicieuse,
La hais-tu plus, dy-moy, que cette bilieuse
Qui, follement outrée en sa severité,

Baptizant son chagrin du nom de pieté,
Dans sa charité fausse, où l'amour propre abonde,
Croit que c'est aimer Dieu que haïr tout le monde?
Il n'est rien où d'abord son soupçon attaché
Ne presume du crime, et ne trouve un peché.
Pour une fille honneste et pleine d'innocence
Croit-elle en ses valets voir quelque complaisance,
Reputés criminels, les voilà tous chassés,
Et chez elle à l'instant par d'autres remplacés.
Son mari, qu'une affaire appelle dans la ville,
Et qui chez luy, sortant, a tout laissé tranquille,
Se trouve assez surpris, rentrant dans la maison,
De voir que le portier luy demande son nom,
Et que, parmi ses gens changés en son absence,
Il cherche vainement quelqu'un de connoissance.

Fort bien : le trait est bon. Dans les femmes, dis-tu,
Enfin vous n'approuvez ni vice ni vertu.
Voilà le sexe peint d'une noble maniere!
Et Theophraste mesme, aidé de la Bruyere,
Ne m'en pourroit pas faire un plus riche tableau.
C'est assez; il est temps de quitter le pinceau.
Vous avez desormais épuisé la satire.
— Epuisé! cher Alcippe. Ah! tu me ferois rire!
Sur ce vaste sujet si j'allois tout tracer,
Tu verrois sous ma main des tômes s'amasser.
Dans le sexe j'ay peint la pieté caustique.

SATIRE X

Et que seroit-ce donc si, censeur plus tragique,
J'allois t'y faire voir l'atheïsme établi,
Et, non moins que l'honneur, le Ciel mis en oubli?
Si j'allois t'y montrer plus d'une Capanée
Pour souveraine loy mettant la Destinée,
Du tonnerre dans l'air bravant les vains carreaux,
Et nous parlant de Dieu du ton de Des-Barreaux?

 Mais, sans aller chercher cette femme infernale,
T'ay-je encor peint, dy-moy, la fantasque inégale,
Qui, m'aimant le matin, souvent me hait le soir?
T'ay-je peint la maligne aux yeux faux, au cœur noir?
T'ay-je encore exprimé la brusque impertinente?
T'ay-je tracé la vieille à morgue dominante,
Qui veut, vingt ans encore après le sacrement,
Exiger d'un mari les respects d'un amant?
T'ay-je fait voir de joye une belle animée
Qui souvent, d'un repas sortant toute enfumée,
Fait mesme à ses amans, trop foibles d'estomach,
Redouter ses baisers pleins d'ail et de tabac?
T'ay-je encore décrit la dame brelandiere,
Qui des joüeurs chez soy se fait cabaretiere,
Et souffre des affronts que ne souffriroit pas
L'hostesse d'une auberge à dix sous par repas?
Ay-je offert à tes yeux ces tristes Tysiphones,
Ces monstres pleins d'un fiel que n'ont point les liones,
Qui, prenant en dégoust les fruits nez de leur flanc,

S'irritent sans raison contre leur propre sang,
Toûjours en des fureurs que les plaintes aigrissent,
Battent dans leurs enfans l'époux qu'elles haïssent,
Et font de leur maison, digne de Phalaris,
Un séjour de douleurs, de larmes et de cris?
Enfin t'ay-je dépeint la superstitieuse,
La pédante au ton fier, la bourgeoise ennuieuse,
Celle qui de son chat fait son seul entretien,
Celle qui toûjours parle et ne dit jamais rien?
Il en est des milliers; mais ma bouche, enfin lâsse,
Des trois quarts, pour le moins, veut bien te faire grâce.
 J'entens. C'est pousser loin la moderation.
Ah! finissez, dis-tu, la declamation.
Pensez-vous qu'ébloüi de vos vaines paroles,
J'ignore qu'en effet tous ces discours frivoles
Ne sont qu'un badinage, un simple jeu d'esprit
D'un censeur, dans le fond, qui folastre et qui rit,
Plein du mesme projet qui vous vint dans la teste
Quand vous plaçastes l'homme au dessous de la beste?
Mais enfin vous et moy c'est assez badiner.
Il est temps de conclure, et pour tout terminer,
Je ne diray qu'un mot : La fille qui m'enchante,
Noble, sage, modeste, humble, honneste, touchante,
N'a pas un des defauts que vous m'avez fait voir.
Si, par un sort pourtant qu'on ne peut concevoir,
La belle, tout à coup renduë insociable,

D'ange, ce sont vos mots, se transformoit en diable,
Vous me verriez bien-tost, sans me desesperer,
Lui dire : « Hé bien! Madame, il faut nous separer.
Nous ne sommes pas faits, je le voy, l'un pour l'autre
Mon bien se monte à tant; tenez, voilà le vostre.
Partez; délivrons-nous d'un mutuel souci. »
 Alcippe, tu crois donc qu'on se separe ainsi?
Pour sortir de chez toy, sur cette offre offensante,
As-tu donc oublié qu'il faut qu'elle y consente?
Et crois-tu qu'aisément elle puisse quitter
Le savoureux plaisir de t'y persecuter?
Bien-tost son procureur, pour elle usant sa plume,
De ses pretentions va t'offrir un volume.
Car, grace au droit receu chez les Parisiens,
Gens de douce nature et maris bons chrestiens,
Dans ses pretentions une femme est sans borne.
Alcippe, à ce discours je te trouve un peu morne.
Des arbitres, dis-tu, pourront nous accorder.
— Des arbitres!... Tu crois l'empescher de plaider?
Sur ton chagrin déja contente d'elle-mesme,
Ce n'est point tous ses droits, c'est le procez qu'elle aime.
Pour elle, un bout d'arpent qu'il faudra disputer
Vaut mieux qu'un fief entier acquis sans contester.
Avec elle il n'est point de droit qui s'éclaircisse,
Point de procez si vieux qui ne se rajeunisse;
Et, sur l'art de former un nouvel embarras,

Devant elle Rolet mettroit pavillon bas.
Croy-moy, pour la fléchir trouve enfin quelque voye,
Ou je ne répons pas dans peu qu'on ne te voye
Sous le faix des procez abbatu, consterné,
Triste, à pié, sans laquais, maigre, sec, ruiné,
Vingt fois dans ton malheur resolu de te pendre,
Et, pour comble de maux, reduit à la reprendre.

SATIRE XI

A MONSIEUR DE VALINCOUR

SECRETAIRE GENERAL

DE LA MARINE ET DES COMMANDEMENS DE MONSEIGNEUR
LE COMTE DE TOULOUZE

Oui, l'honneur, Valincour, est cheri dans le monde;
Chacun pour l'exalter en paroles abonde;
A s'en voir revêtu chacun met son bonheur,
Et tout crie ici bas : l'honneur! vive l'honneur!
Entendons discourir sur les bancs des galeres
Ce forçat abhorré mesme de ses confreres;
Il plaint, par un arrest injustement donné,
L'honneur en sa personne à ramer condamné.
En un mot, parcourons et la mer et la terre;
Interrogeons marchands, financiers, gens de guerre,
Courtisans, magistrats : chez eux, si je les croi,

L'interest ne peut rien, l'honneur seul fait la loi.
 Cependant, lors qu'aux yeux leur portant la lanterne,
J'examine au grand jour l'esprit qui les gouverne,
Je n'apperçoi par tout que folle ambition,
Foiblesse, iniquité, fourbe, corruption,
Que ridicule orgueil de soi-même idolâtre.
Le monde, à mon avis, est comme un grand theâtre
Où chacun en public, l'un par l'autre abusé,
Souvent à ce qu'il est jouë un rôle opposé.
Tous les jours on y voit, orné d'un faux visage,
Impudemment le fou representer le sage,
L'ignorant s'eriger en sçavant fastueux,
Et le plus vil faquin trancher du vertueux.
Mais, quelque fol espoir dont leur orgueil les berce,
Bien-tost on les connoist, et la verité perce.
On a beau se farder aux yeux de l'univers,
A la fin sur quelqu'un de nos vices couverts
Le public malin jette un œil inévitable ;
Et bien-tost la Censure, au regard formidable,
Sçait, le crayon en main, marquer nos endroits faux,
Et nous développer avec tous nos defaux.
Du mensonge toûjours le vray demeure maistre.
Pour paroistre honneste homme, en un mot, il faut l'estre ;
Et jamais, quoiqu'il fasse, un mortel ici bas
Ne peut aux yeux du monde estre ce qu'il n'est pas.
Envain ce misanthrope, aux yeux tristes et sombres,

Veut par un air riant en éclaircir les ombres :
Le ris sur son visage est en mauvaise humeur;
L'agrément fuit ses traits, ses carresses font peur;
Ses mots les plus flateurs paroissent des rudesses,
Et la vanité brille en toutes ses bassesses.
Le naturel toûjours sort, et sçait se montrer.
Vainement on l'arreste, on le force à rentrer,
Il rompt tout, perce tout, et trouve enfin passage.
 Mais loin de mon projet je sens que je m'engage.
Revenons de ce pas à mon texte égaré.
L'honneur par tout, disois-je, est du monde admiré.
Mais l'honneur, en effet, qu'il faut que l'on admire,
Quel est-il, VALINCOUR? Pouras-tu me le dire?
L'ambitieux le met souvent à tout brûler,
L'avare à voir chez luy le Pactôle rouler,
Un faux brave à vanter sa proüesse frivole,
Un vray fourbe à jamais ne garder sa parole,
Ce poëte à noircir d'insipides papiers,
Ce marquis à sçavoir frauder ses creanciers,
Un libertin à rompre et jeûnes et carême,
Un fou perdu d'honneur à braver l'honneur même.
L'un d'eux a-t-il raison? Qui pouroit le penser?
Qu'est-ce donc que l'honneur que tout doit embrasser?
Est-ce de voir, dis-moy, vanter nôtre éloquence,
D'exceller en courage, en adresse, en prudence,
De voir à nôtre aspect tout trembler sous les cieux,

De posseder enfin mille dons precieux?
Mais, avec tous ces dons de l'esprit et de l'ame,
Un roy mesme souvent peut n'estre qu'un infâme,
Qu'un Herode, un Tibere effroyable à nommer.
Où donc est cet honneur qui seul doit nous charmer?
Quoiqu'en ses beaux discours Saint Evremond nous prône,
Aujourd'huy j'en croirai Seneque avant Petrône.
 Dans le monde il n'est rien de beau que l'equité :
Sans elle, la valeur, la force, la bonté,
Et toutes les vertus dont s'éblouit la terre,
Ne sont que faux brillans et que morceaux de verre.
Un injuste guerrier, terreur de l'univers,
Qui, sans sujet courant chez cent peuples divers,
S'en va tout ravager jusqu'aux rives du Gange,
N'est qu'un plus grand voleur que Duterte et Saint Ange[1].
Du premier des Césars on vante les exploits;
Mais dans quel tribunal, jugé suivant les loix,
Eust-il pû disculper son injuste manie?
Qu'on livre son pareil en France à La Reynie,
Dans trois jours nous verrons le phénix des guerriers
Laisser sur l'échaffaut sa teste et ses lauriers.
C'est d'un roy[2] que l'on tient cette maxime auguste,
Que jamais on n'est grand qu'autant que l'on est juste.

1. Fameux voleurs de grand chemin.
2. Agesilas.

Rassemblez à la fois Mithridate et Sylla,
Joignez-y Tamerlan, Genseric, Attila :
Tous ces fiers conquerans, rois, princes, capitaines,
Sont moins grands à mes yeux que ce bourgeois d'Athenes [1]
Qui sceut, pour tous exploits, doux, moderé, frugal,
Toûjours vers la justice aller d'un pas égal.
Oüi, la justice en nous est la vertu qui brille.
Il faut de ses couleurs qu'ici-bas tout s'habille.
Dans un mortel cheri, tout injuste qu'il est,
C'est quelque air d'equité qui seduit et qui plaist.
A cet unique appas l'ame est vraîment sensible;
Mesme aux yeux de l'injuste un injuste est horrible;
Et tel qui n'admet point la probité chez lui
Souvent à la rigueur l'exige chez autrui.
Disons plus : il n'est point d'ame livrée au vice
Où l'on ne trouve encor des traces de justice.
Chacun de l'equité ne fait pas son flambeau.
Tout n'est pas Caumartin, Bignon, ni Daguesseau;
Mais jusqu'en ces païs où tout vit de pillage,
Chez l'Arabe et le Scythe, elle est de quelque usage;
Et, du butin acquis en violant les loix,
C'est elle entre eux qui fait le partage et le choix.

Mais allons voir le vrai jusqu'en sa source même.
Un devot aux yeux creux et d'abstinence blême,

1. Socrate.

S'il n'a point le cœur juste, est affreux devant Dieu.
L'Evangile au chrétien ne dit en aucun lieu :
Sois devot; elle dit : Sois doux, simple, équitable.
Car d'un devot souvent au chrétien veritable
La distance est deux fois plus longue, à mon avis,
Que du pôle antartique au destroit de Davis[1].
Encor par ce devot ne croi pas que j'entende
Tartuffe, ou Molinos et sa mystique bande.
J'entens un faux chrétien mal instruit, mal guidé,
Et qui, de l'Evangile envain persuadé,
N'en a jamais conceu l'esprit ni la justice;
Un chrétien qui s'en sert pour disculper le vice,
Qui, toûjours prés des grands, qu'il prend soin d'abuser,
Sur leurs foibles honteux sçait les autoriser,
Et croit pouvoir au Ciel, par ses folles maximes,
Avec le sacrement faire entrer tous les crimes.
Des faux devots pour moy voilà le vrai heros.
Mais, pour borner enfin tout ce vague propos,
Concluons qu'ici-bas le seul honneur solide,
C'est de prendre toûjours la verité pour guide,
De regarder en tout la raison et la loy,
D'estre doux pour tout autre et rigoureux pour soy,
D'accomplir tout le bien que le Ciel nous inspire,
Et d'estre juste enfin : ce mot seul veut tout dire.

1. Détroit sous le pôle artique prés de la nouvelle Zemble.

Je doute que le flot des vulgaires humains
A ce discours pourtant donne aisément les mains,
Et, pour t'en dire icy la raison historique,
Souffre que je l'habille en fâble allegorique :
  Sous le bon roy Saturne, ami de la douceur,
L'honneur, cher VALINCOUR, et l'equité, sa sœur,
De leurs sages conseils éclairant tout le monde,
Regnoient cheris du Ciel dans une paix profonde.
Tout vivoit en commun sous ce couple adoré.
Aucun n'avoit d'enclos ni de champ separé.
La vertu n'estoit point sujette à l'ostracisme,
Ni ne s'appelloit point alors un ****
L'honneur, beau par soi-même et sans vains ornemens,
N'étaloit point aux yeux l'or ni les diamans,
Et, jamais ne sortant de ses devoirs austeres,
Maintenoit de sa sœur les regles salutaires.
Mais, une fois au ciel, par les dieux appellé,
Il demeura long-temps au séjour étoilé.
  Un fourbe cependant assez haut de corsage,
Et qui luy ressembloit de geste et de visage,
Prend son temps, et par tout ce hardi suborneur
S'en va chez les humains crier qu'il est l'honneur;
Qu'il arrive du ciel, et que, voulant lui-mesme
Seul porter desormais le faix du diadême,
De luy seul il prétend qu'on reçoive la loy.
A ces discours trompeurs le monde ajoûte foy.

L'innocente equité, honteusement bannie,
Trouve à peine un desert où fuir l'ignominie.
Aussi-tost sur un thrône éclatant de rubis,
L'imposteur monte, orné de superbes habits.
La hauteur, le dédain, l'audace l'environnent,
Et le luxe et l'orgueil de leurs mains le couronnent.
Tout fier, il montre alors un front plus sourcilleux;
Et le Mien et le Tien, deux freres pointilleux,
Par son ordre amenant les procés et la guerre,
En tous lieux de ce pas vont partager la terre,
En tous lieux, sous les noms de bon droit et de tort,
Vont chez elle établir le seul droit du plus fort.
Le nouveau roy triomphe, et sur ce droit inique
Bâtit de vaines loix un code fantastique ;
Avant tout aux mortels prescrit de se vanger,
L'un l'autre au moindre affront les force à s'égorger,
Et dans leur ame, envain de remords combattuë,
Trace en lettres de sang ces deux mots : *Meurs* ou *Tuë*.
 Alors, ce fut alors, sous ce vrai Jupiter,
Qu'on vit naître ici bas le noir siecle de fer :
Le frere au mesme instant s'arma contre le frere;
Le fils trempa ses mains dans le sang de son pere;
La soif de commander enfanta les tyrans,
Du Tanaïs au Nil porta les conquerans;
L'ambition passa pour la vertu sublime;
Le crime heureux fut juste et cessa d'estre crime.

On ne vit plus que haine et que division,
Qu'envie, effroi, tumulte, horreur, confusion.
   Le veritable honneur, sur la voute celeste,
Est enfin averti de ce trouble funeste.
Il part sans differer, et, descendu des cieux
Va par tout se montrer dans les terrestres lieux;
Mais il n'y fait plus voir qu'un visage incommode;
On n'y peut plus souffrir ses vertus hors de mode,
Et lui-même, traité de fourbe et d'imposteur,
Est contraint de ramper aux piés du seducteur.
Enfin, las d'essuyer outrage sur outrage,
Il livre les humains à leur triste esclavage,
S'en va trouver sa sœur, et, dés ce même jour,
Avec elle s'envole au celeste séjour.
Depuis, toûjours ici, riche de leur ruine,
Sur les tristes mortels le faux honneur domine,
Gouverne tout, fait tout dans ce bas univers,
Et peut-estre est-ce luy qui m'a dicté ces vers.
Mais, en fust-il l'auteur, je conclus de sa fable
Que ce n'est qu'en Dieu seul qu'est l'honneur veritable.

DISCOURS DE L'AUTEUR

POUR SERVIR D'APOLOGIE

A LA SATIRE XII, SUR L'ÉQUIVOQUE

Quelque heureux succez qu'aient eu mes ouvrages, j'avois résolu, depuis leur derniére édition, de ne plus rien donner au public; et, quoiqu'à mes heures perdues, il y a environ cinq ans, j'eusse encore fait contre l'équivoque une satire que tous ceux à qui je l'ai communiquée ne jugeoient pas inferieure à mes autres écrits, bien loin de la publier, je la tenois soigneusement cachée; et je ne croyois pas que, moi vivant, elle dût jamais voir le jour. Ainsi donc, aussi soigneux desormais de me faire oublier que j'avois été autrefois curieux de faire parler de moi, je jouissois, à mes infirmitez près, d'une assez grande tranquillité, lorsque tout d'un coup j'ai appris qu'on debitoit dans le monde, sous mon nom, quantité de méchants écrits, et entr'autres une piéce en vers contre les Jésuites également odieuse et insipide, et où l'on me faisoit, en mon propre nom, dire à toute leur Société les injures les plus attroces et les plus grossiéres. J'avoue que cela m'a donné un très-grand chagrin; car, bien que tous les gens sensez aient connu sans peine que la piéce n'étoit point de moi, et qu'il n'y ait eu que de très-petits esprits qui aient présumé que j'en pouvois être l'auteur, la verité est pourtant que je n'ai pas regardé comme un mediocre affront de me voir soupçonné, même par des ridicules, d'avoir fait un ouvrage si ridicule.

J'ai donc cherché les moyens les plus propres pour me laver de cette infamie; et, tout bien consideré, je n'ai point trouvé de meilleur expedient que de faire imprimer ma satire contre l'ÉQUIVOQUE, parce qu'en la lisant les moins éclairés, même de ces petits esprits, ouvriroient peut-être les yeux, et verroient manifestement le peu de rapport qu'il y a de mon style, même en l'âge où je suis, au style bas et rampant de l'auteur de ce pitoyable écrit. Ajoûtez à cela que je pouvois mettre à la tête de ma satire, en la donnant au public, un avertissement en maniere de preface où je me justifierois pleinement, et tirerois tout le monde d'erreur. C'est ce que je fais aujourd'hui, et j'espère que le peu que je viens de dire produira l'effet que je me suis proposé. Il ne me reste donc plus maintenant qu'à parler de la satire pour laquelle est fait ce discours.

Je l'ai composée par le caprice du monde le plus bisarre, et par une espece de dépit et de colere poëtique, s'il faut ainsi dire, qui me saisit à l'occasion de ce que je vais raconter. Je me promenois dans mon jardin, à Auteuil, et rêvois en marchant à un poëme que je voulois faire contre les mauvais critiques de notre siécle. J'en avois même déjà composé quelques vers dont j'étois assez content. Mais, voulant continuer, je m'apperçus qu'il y avoit dans ces vers une équivoque de langue ; et, m'étant sur le champ mis en devoir de la corriger, je n'en pus jamais venir à bout. Cela m'irrita de telle maniere qu'au lieu de m'appliquer davantage à reformer cette équivoque, et de poursuivre mon poëme contre les faux critiques, la folle pensée me vint de faire contre l'équivoque même une satire qui pût me vanger de tous les chagrins qu'elle m'a causés depuis que je me mêle d'écrire. Je vis bien que je ne rencontrerois pas de mediocres difficultez à mettre en vers un sujet si sec. Et même il s'en presenta d'abord une qui m'arrêta tout court ; ce fut de savoir

*duquel des deux genres, masculin ou feminin, je ferois
le mot d'équivoque, beaucoup d'habiles écrivains,
ainsi que le remarque Vaugelas, le faisant masculin.
Je me déterminai pourtant assez vîte au feminin,
comme au plus usité des deux. Et, bien loin que cela
empêchât l'exécution de mon projet, je crus que ce
ne seroit pas une méchante plaisanterie de commencer
ma satire par cette difficulté même. C'est ainsi que je
m'engageai dans la composition de cet ouvrage. Je
croyois d'abord faire tout au plus cinquante ou
soixante vers; mais ensuite, les pensées me venant en
foule, et les choses que j'avois à reprocher à l'équivoque se multipliant à mes yeux, j'ai poussé ces vers
jusqu'à près de trois cens cinquante.*

*C'est au public maintenant à voir si j'ai bien ou
mal réussi. Et je n'employerai point ici, non plus que
dans les prefaces de mes autres écrits, mon adresse et
ma rhetorique à le prévenir en ma faveur. Tout ce
que je lui puis dire, c'est que j'ai travaillé cette pièce
avec le même soin que toutes mes autres poësies. Une
chose pourtant dont il est bon que les Jésuites soient
avertis, c'est qu'en attaquant l'équivoque je n'ai pas
pris ce mot dans toute l'étroite rigueur de sa signi-
fication grammaticale, le mot d'équivoque, en ce
sens-là, ne voulant dire qu'une ambiguité de paroles;
mais que je l'ai pris, comme le prend ordinairement*

le commun des hommes, pour toutes sortes d'ambiguitez de sens, de pensées, d'expressions, et enfin pour tous ces abus et toutes ces méprises de l'esprit humain qui font qu'il prend souvent une chose pour une autre. Et c'est dans ce sens que j'ai dit que l'idolatrie avoit pris naissance de l'équivoque, les hommes, à mon avis, ne pouvant pas s'équivoquer plus lourdement que de prendre des pierres, de l'or et du cuivre pour Dieu. J'ajouterai à cela que la Providence divine, ainsi que je l'établis clairement dans ma satire, n'ayant permis chez eux cet horrible aveuglement qu'en punition de ce que leur premier pere avoit prêté l'oreille aux promesse du Demon, j'ai pu conclure infailliblement que l'idolatrie est un fruit, ou, pour mieux dire, un veritable enfant de l'équivoque. Je ne vois donc pas qu'on me puisse faire sur cela aucune bonne critique, sur tout ma satire étant un pur jeu d'esprit où il seroit ridicule d'exiger une précision géometrique de pensées et de paroles.

Mais il y a une autre objection plus importante et plus considerable qu'on me fera peut être au sujet des propositions de morale relâchée que j'attaque dans la derniére partie de mon ouvrage. Car, ces propositions aiant été, à ce qu'on prétend, avancées par quantité de théologiens, même célébres, la moquerie que j'en fais peut, dira-t-on, diffamer en quelque sorte ces théologiens, et causer ainsi une espece de scandale dans l'Eglise. A cela je répons premierement qu'il n'y a aucune des propositions que j'attaque, qui n'ait été plus d'une fois condamnée par toute l'Eglise, et tout récemment encore par deux des plus grands Papes qui aient depuis long-temps rempli le S. Siége. Je dis en second lieu qu'à l'exemple de ces célébres vicaires de Jesus-Christ je n'ai point nommé les auteurs de ces propositions, ni aucun de ces théologiens dont on dit que je puis causer la diffamation, et contre lesquels même j'avoue que je ne puis rien décider, puisque je n'ai point lu, ni ne suis d'humeur à lire leurs écrits : ce qui seroit pourtant absolument nécessaire pour prononcer sur les accusations que l'on forme contre eux, leurs accusateurs pouvant les avoir mal entendus, et s'être trompez dans l'intelligence des passages où ils prétendent que sont ces erreurs dont ils les accusent. Je soutiens en troisiéme lieu qu'il est contre la droite raison de penser que je puisse exciter quelque scandale dans l'Eglise en traitant de ridicules des propositions rejettées de toute l'Eglise, et plus dignes encore par leur absurdité d'être sifflées de tous les fidéles que refutées sérieusement. C'est ce que je me croi obligé de dire pour me justifier. Que si, après cela, il se trouve encore quelques theologiens qui se figurent qu'en décriant ces propositions j'ai eu en vue de les décrier eux-mêmes, je déclare que cette fausse idée qu'ils ont de moi ne sçauroit venir que des mauvais artifices de l'équivoque, qui, pour se vanger des injures que je lui dis dans ma piéce, s'efforce d'interesser dans sa cause ces théologiens en me faisant penser ce que je n'ai pas pensé, et dire ce que je n'ai point dit.

Voilà, ce me semble, bien des paroles, et peut-être trop de paroles employées pour justifier un aussi peu considerable ouvrage qu'est la satire qu'on va voir. Avant néanmoins que de finir, je ne croi pas me pouvoir dispenser d'apprendre aux lecteurs qu'en attaquant comme je fais dans ma satire ces erreurs, je ne me suis point fié à mes seules lumiéres; mais qu'ainsi que je l'ai pratiqué, il y a environ dix ans, à l'égard de mon epître de l'amour de Dieu, j'ai non seulement consulté sur mon ouvrage tout ce que je connois de plus habiles docteurs, mais que je l'ai donné à examiner au prelat de l'Eglise qui, par l'étendue de ses connoissances et par l'eminence de sa dignité, est le plus capable et le plus en droit de me prescrire ce que je dois penser sur ces matiéres : je veux dire à M. le cardinal de Noailles, mon archevêque. J'ajouterai que ce pieux et savant cardinal a eu trois semaines ma satire entre les mains, et qu'à mes instantes prieres, après l'avoir lue et relue plus d'une fois, il me l'a enfin rendue en me comblant d'éloges, et m'a assuré qu'il n'y avoit trouvé à redire qu'un seul mot, que j'ai corrigé sur le champ et sur lequel je lui ai donné entiere satisfaction. Je me flatte donc qu'avec une approbation si authentique, si sure, et si glorieuse, je puis marcher la tête levée, et dire hardiment des critiques qu'on pourra faire désormais contre la doctrine de mon ouvrage que ce ne sauroient être que de vaines subtilitez d'un tas de miserables sophistes formés dans l'école du mensonge, et aussi affidés amis de l'équivoque qu'opiniâtres ennemis de Dieu, du bon sens et de la verité.

SATIRE XII

SUR L'EQUIVOQUE

Du langage françois bizarre hermaphrodite,
De quel genre te faire, Équivoque maudite,
Ou maudit? car sans peine aux rimeurs hazardeux
L'usage encor, je croi, laisse le choix des deux.
Tu ne me répons rien. Sors d'ici, fourbe insigne,
Mâle aussi dangereux que femelle maligne,
Qui crois rendre innocents les discours imposteurs;
Tourment des écrivains, juste effroi des lecteurs,
Par qui, de mots confus sans cesse embarrassée,
Ma plume, en écrivant, cherche en vain ma pensée.
Laisse-moi, va charmer de tes vains agrémens
Les yeux faux et gâtez de tes louches amans,
Et ne viens point ici de ton ombre grossiére
Enveloper mon style, ami de la lumiére.
Tu sçais bien que jamais chez toi, dans mes discours,
Je n'ai d'un faux brillant emprunté le secours.
Fui donc. Mais non, demeure; un demon qui m'inspire

Veut qu'encore une utile et derniere satire,
De ce pas, en mon livre, exprimant tes noirceurs,
Se vienne en nombre pair joindre à ses onze sœurs;
Et je sens que ta vûë échauffe mon audace.
Viens, approche : voyons, malgré l'âge et sa glace,
Si ma muse aujourd'hui, sortant de sa langueur,
Pourra trouver encore un reste de vigueur.
Mais où tend, dira-t-on, ce projet fantastique?
Ne vaudroit-il pas mieux dans mes vers, moins caustique,
Répandre de tes jeux le sel réjoüissant,
Que d'aller contre toi, sur ce ton menaçant,
Pousser jusqu'à l'excès ma critique boutade?
Je ferois mieux, j'entends, d'imiter Benserade.
C'est par lui qu'autrefois, mise en ton plus beau jour,
Tu sûs, trompant les yeux du peuple et de la Cour,
Leur faire, à la faveur de tes bluettes folles,
Goûter comme bons mots tes quolibets frivoles.
Mais ce n'est plus le tems. Le public, détrompé,
D'un pareil enjoûment ne se sent plus frappé.
Tes bons mots, autrefois délices des ruelles,
Approuvez chez les grands, applaudis chez les belles,
Hors de mode aujourd'hui chez nos plus froids badins,
Sont des collets montez et des vertugadins.
Le lecteur ne sait plus admirer dans Voiture
De ton froid jeu de mots l'insipide figure :
C'est à regret qu'on voit cet auteur si charmant,

Et pour mille beaux traits vanté si justement,
Chez toi toujours cherchant quelque finesse aiguë,
Presenter au lecteur sa pensée ambiguë,
Et souvent du faux sens d'un proverbe affecté
Faire de son discours la piquante beauté.

Mais laissons-là le tort qu'à ces brillans ouvrages
Fit le plat agrément de tes vains badinages.
Parlons des maux sans fin que ton sens de travers,
Source de toute erreur, sema dans l'univers;
Et, pour les contempler jusque dans leur naissance,
Dès le tems nouveau né, quand la Toute-Puissance
D'un mot forma le ciel, l'air, la terre et les flots,
N'est-ce pas toi, voyant le monde à peine éclos,
Qui, par l'éclat trompeur d'une funeste pomme
Et tes mots ambigus, fis croire au premier homme
Qu'il alloit, en goûtant de ce morceau fatal,
Comblé de tout savoir, à Dieu se rendre égal?
Il en fit sur le champ la folle experience.
Mais tout ce qu'il acquit de nouvelle science
Fut que, triste et honteux de voir sa nudité,
Il sut qu'il n'étoit plus, grace à sa vanité,
Qu'un chetif animal pêtri d'un peu de terre,
A qui la faim, la soif, par tout faisoient la guerre,
Et qui, courant toûjours de malheur en malheur,
A la mort arrivoit enfin par la douleur.
Oui, de tes noirs complots et de ta triste rage

Le genre humain perdu fut le premier ouvrage.
Et, bien que l'homme alors parût si rabaissé,
Par toi contre le ciel un orgueil insensé
Armant de ses neveux la gigantesque engeance,
Dieu résolut enfin, terrible en sa vengeance,
D'abimer sous les eaux tous ces audacieux.
Mais, avant qu'il lâchât les écluses des cieux,
Par un fils de Noé fatalement sauvée,
Tu fus comme serpent dans l'arche conservée ;
Et d'abord, poursuivant tes projets suspendus,
Chez les mortels restants, encor tout éperdus,
De nouveau tu semas tes captieux mensonges,
Et remplis leurs esprits de fables et de songes.
Tes voiles offusquant leurs yeux de toutes parts,
Dieu disparut lui-même à leurs troubles regards.

 Alors ce ne fut plus que stupide ignorance,
Qu'impieté sans borne en son extravagance.
Puis, de cent dogmes faux la superstition
Répandant l'idolâtre et folle illusion,
Sur la terre en tous lieux disposée à les suivre,
L'art se tailla des dieux d'or, d'argent et de cuivre ;
Et l'artisan lui-même, humblement prosterné
Aux pieds du vain métal par sa main façonné,
Lui demanda les biens, la santé, la sagesse.
Le monde fut rempli de dieux de toute espece :
On vit le peuple fou qui du Nil boit les eaux

Adorer les serpens, les poissons, les oiseaux,
Aux chiens, aux chats, aux boucs, offrir des sacrifices,
Conjurer l'ail, l'oignon, d'être à ses vœux propices,
Et croire follement maîtres de ses destins
Ces dieux nez du fumier porté dans ses jardins.
Bien-tôt, te signalant par mille faux miracles,
Ce fut toi qui par-tout fis parler les oracles ;
C'est par ton double sens, dans leurs discours jetté,
Qu'ils sçûrent en mentant dire la verité,
Et, sans crainte rendant leurs réponses normandes,
Des peuples et des rois engloutir les offrandes.
 Ainsi, loin du vrai jour par toi toûjours conduit,
L'homme ne sortit plus de son épaisse nuit.
Pour mieux tromper ses yeux, ton adroit artifice
Fit à chaque vertu prendre le nom d'un vice ;
Et, par toi de splendeur faussement revêtu,
Chaque vice emprunta le nom d'une vertu.
Par toi l'humilité devint une bassesse ;
La candeur se nomma grossiéreté, rudesse.
Au contraire, l'aveugle et folle ambition
S'appella des grands cœurs la belle passion ;
Du nom de fierté noble on orna l'impudence,
Et la fourbe passa pour exquise prudence ;
L'audace brilla seule aux yeux de l'univers ;
Et pour vraiment heros, chez les hommes pervers,
On ne reconnut plus qu'usurpateurs iniques,

Que tyranniques rois censez grands politiques,
Qu'infames scelerats à la gloire aspirans,
Et voleurs revêtus du nom de conquerans.
 Mais à quoi s'attacha ta savante malice?
Ce fut sur-tout à faire ignorer la justice.
Dans les plus claires loix ton ambiguité
Répandant son adroite et fine obscurité,
Aux yeux embarrassez des juges les plus sages
Tout sens devint douteux, tout mot eut deux visages;
Plus on crut pénétrer, moins on fut éclairci;
Le texte fut souvent par la glose obscurci;
Et, pour comble de maux, à tes raisons frivoles
L'eloquence pretant l'ornement des paroles,
Tous les jours accablé sous leur commun effort,
Le vrai passa pour faux, et le bon droit eut tort.
Voilà comment, déchû de sa grandeur premiére,
Concluons, l'homme enfin perdit toute lumiére,
Et, par tes yeux trompeurs se figurant tout voir,
Ne vit, ne sût plus rien, ne pût plus rien savoir.
 De la raison pourtant, par le vrai Dieu guidée,
Il resta quelque trace encore dans la Judée.
Chez les hommes ailleurs sous ton joug gémissans
Vainement on chercha la vertu, le droit sens;
Car qu'est-ce loin de Dieu que l'humaine sagesse?
Et Socrate, l'honneur de la profane Grece,
Qu'étoit-il en effet, de près examiné,

Qu'un mortel par lui même au seul mal entraîné[1],
Et, malgré la vertu dont il faisoit parade,
Très-équivoque ami du jeune Alcibiade?
Oui, j'ose hardiment l'affirmer contre toi,
Dans le monde idolâtre, asservi sous ta loi,
Par l'humaine raison, de clarté dépourvûë,
L'humble et vraie équité fut à peine entrevûë;
Et par un sage altier, au seul faste attaché,
Le bien même accompli souvent fut un peché.

Pour tirer l'homme enfin de ce désordre extrême,
Il fallut qu'ici-bas Dieu, fait homme lui-même,
Vînt du sein lumineux de l'éternel séjour
De tes dogmes trompeurs dissiper le faux jour.
A l'aspect de ce Dieu, les demons disparurent;
Dans Delphes, dans Delos, tes oracles se tûrent;
Tout marqua, tout sentit sa venue en ces lieux :
L'estropié marcha, l'aveugle ouvrit les yeux.
Mais bien-tôt contre lui ton audace rebelle,
Chez la nation même à son culte fidelle,
De tous côtez arma tes nombreux sectateurs :
Prêtres, pharisiens, rois, pontifes, docteurs.
C'est par eux que l'on vit la Verité suprême
De mensonge et d'erreur accusée elle-même,

1. Au lieu de ce vers l'auteur avoit mis celui-ci :
    Qu'un mortel, comme un autre, au mal déterminé.
Et c'est le vers que M. le cardinal de Noailles lui fit changer

Au tribunal humain le Dieu du ciel traîné,
Et l'auteur de la vie à mourir condamné.
Ta fureur toutefois, à ce coup, fut deçue,
Et pour toi ton audace eut une triste issue.
Dans la nuit du tombeau ce Dieu précipité
Se releva soudain tout brillant de clarté ;
Et par tout sa doctrine en peu de tems portée
Fut du Gange et du Nil et du Tage écoutée.
Des superbes autels à leur gloire dressez,
Tes ridicules dieux tomberent renversez :
On vit en mille endroits leurs honteuses statuës
Pour le plus bas usage utilement fondues,
Et gémir vainement Mars, Jupiter, Venus,
Urnes, vases, trépieds, vils meubles devenus.
Sans succomber pourtant tu soûtins cet orage,
Et, sur l'idolâtrie enfin perdant courage,
Pour embarrasser l'homme en des nœuds plus subtils,
Tu courus chez Satan brouiller de nouveaux fils.
 Alors, pour seconder ta triste frénésie,
Arriva de l'enfer ta fille l'Hérésie.
Ce monstre, dès l'enfance à ton école instruit,
De tes leçons bien-tôt te fit goûter le fruit.
Par lui l'erreur, toûjours finement apprêtée,
Sortant pleine d'attraits de sa bouche empestée,
De son mortel poison tout courut s'abreuver,
Et l'Eglise elle-même eut peine à s'en sauver.

Elle-même deux fois, presque toute arrïenne,
Sentit chez soi trembler la verité chrétienne,
Lorsqu'attaquant le Verbe et sa divinité,
D'une syllabe impie un saint mot augmenté
Remplit tous les esprits d'aigreurs si meurtriéres,
Et fit de sang chrétien couler tant de riviéres.
Le fidele, au milieu de ces troubles confus
Quelque tems égaré, ne se reconnut plus,
Et, dans plus d'un aveugle et tenebreux concile,
Le mensonge parut vainqueur de l'Evangile.

Mais à quoi bon ici du profond des enfers,
Nouvel historien de tant de maux soufferts,
Rappeller Arius, Valentin et Pelage,
Et tous ces fiers demons que toûjours d'âge en âge
Dieu, pour faire éclaircir à fond ces veritez,
A permis qu'aux chrétiens l'enfer ait suscitez.
Laissons heurler là-bas tous ces damnez antiques,
Et bornons nos regards aux troubles fanatiques
Que ton horrible fille ici sut émouvoir,
Quand Luther et Calvin, remplis de ton savoir,
Et soi disant choisis pour reformer l'Eglise,
Vinrent du celibat affranchir la prêtrise,
Et, des vœux les plus saints blâmant l'austerité,
Aux moines las du joug rendre la liberté.
Alors, n'admettant plus d'autorité visible,
Chacun fut de la foi censé juge infaillible,

Et, sans être approuvé par le clergé romain,
Tout protestant fut pape, une Bible à la main.
De cette erreur dans peu naquirent plus de sectes
Qu'en automne on ne voit de bourdonnans insectes
Fondre sur les raisins nouvellement meuris;
Ou qu'en toutes saisons, sur les murs, à Paris,
On ne voit affichez de recueils d'amourettes,
De vers, de contes bleus, de frivoles sornettes,
Souvent peu recherchez du public nonchalant,
Mais vantez à coup sûr du *Mercure Galant*.

 Ce ne fut plus par tout que foux anabaptistes,
Qu'orgueilleux puritains, qu'execrables deïstes.
Le plus vil artisan eut ses dogmes à soi,
Et chaque chrétien fut de differente loi.
La Discorde, au milieu de ces sectes altiéres,
En tous lieux cependant déploya ses banniéres;
Et ta fille, au secours des vains raisonnemens
Appellant le ravage et les embrasemens,
Fit en plus d'un pays, aux villes désolées,
Sous l'herbe en vain chercher leurs eglises brûlées.
L'Europe fut un champ de massacre et d'horreur;
Et l'orthodoxe même, aveugle en sa fureur,
De tes dogmes trompeurs nourrissant son idée,
Oublia la douceur, aux chrétiens commandée,
Et crut, pour venger Dieu de ses fiers ennemis,
Tout ce que Dieu défend legitime et permis.

Au signal tout à coup donné pour le carnage,
Dans les villes, par tout théatres de leur rage,
Cent mille faux zelez, le fer en main courants,
Allerent attaquer leurs amis, leurs parens,
Et, sans distinction, dans tout sein héretique,
Pleins de joye, enfoncer un poignard catholique.
Car quel lion, quel tigre égale en cruauté
Une injuste fureur qu'arme la pieté?

   Ces fureurs, jusqu'ici du vain peuple admirées,
Etoient pourtant toûjours de l'Eglise abhorrées;
Et, dans ton grand credit pour te bien conserver,
Il falloit que le Ciel parût les approuver.
Ce chef-d'œuvre devoit couronner ton adresse.
Pour y parvenir donc, ton active souplesse
Dans l'école abusant tes grossiers écrivains,
Fit croire à leurs esprits, ridiculement vains,
Qu'un sentiment impie, injuste, abominable,
Par deux ou trois d'entr'eux réputé soutenable,
Prenoit chez eux un sceau de probabilité
Qui même contre Dieu lui donnoit sureté,
Et qu'un chrétien pouvoit, rempli de confiance,
Même en le condamnant, le suivre en conscience.

   C'est sur ce beau principe, admis si follement,
Qu'aussi-tôt tu posas l'énorme fondement
De la plus dangereuse et terrible morale
Que Lucifer, assis dans la chaire infernale,

Vomissant contre Dieu ses monstrueux sermons,
Ait jamais enseignée aux novices demons.
Soudain, au grand honneur de l'école payenne,
On entendit prêcher dans l'école chrétienne
Que sous le joug du vice un pecheur abbatu
Pouvoit, sans aimer Dieu ni même la vertu,
Par la seule frayeur au sacrement unie,
Admis au ciel, jouïr de la gloire infinie,
Et que, les clefs en main, sur ce seul passeport,
Saint Pierre à tous venans devoit ouvrir d'abord.

 Ainsi, pour éviter l'éternelle misere,
Le vrai zele au chrétien n'étant plus necessaire,
Tu sûs, dirigeant bien en eux l'intention,
De tout crime laver la coupable action.
Bien tôt se parjurer cessa d'être un parjure;
L'argent à tout denier se prêta sans usure;
Sans simonie on put contre un bien temporel
Hardiment échanger un bien spirituel;
Du soin d'aider le pauvre on dispensa l'avare;
Et même chez les rois le superflu fut rare.
C'est alors qu'on trouva, pour sortir d'embarras,
L'art de mentir tout haut en disant vrai tout bas.
C'est alors qu'on apprit qu'avec un peu d'adresse
Sans crime un prêtre peut vendre trois fois sa messe,
Pourvû que, laissant là son salut à l'écart,
Lui-même, en la disant, n'y prenne aucune part.

C'est alors que l'on sut qu'on peut pour une pomme,
Sans blesser la justice, assassiner un homme.
Assassiner ! Ah ! non, je parle improprement ;
Mais que, prêt à la perdre, on peut innocemment,
Sur-tout ne la pouvant sauver d'une autre sorte,
Massacrer le voleur qui fuit et qui l'emporte.
Enfin ce fut alors que, sans se corriger,
Tout pecheur... Mais où vais-je aujourd'hui m'engager ?
Veux-je d'un pape illustre, armé contre tes crimes,
A tes yeux mettre ici toute la bulle en rimes ;
Exprimer tes détours burlesquement pieux
Pour disculper l'impur, le gourmand, l'envieux ;
Tes subtils faux-fuyans pour sauver la mollesse,
Le larcin, le duel, le luxe, la paresse ;
En un mot, faire voir à fond dévelopez
Tous ces dogmes affreux d'anathême frappez
Que, sans peur debitant tes distinctions folles,
L'erreur encor pourtant maintient dans tes écoles ?

   Mais sur ce seul projet soudain puis-je ignorer
A quels nombreux combats il faut me préparer ?
J'entens déja d'ici tes docteurs frenetiques
Hautement me compter au rang des heretiques,
M'appeller scelerat, traître, fourbe, imposteur,
Froid plaisant, faux boufon, vrai calomniateur,
De Pascal, de Wendrock, copiste miserable,
Et, pour tout dire enfin, janseniste execrable.

J'aurai beau condamner, en tout sens expliquez,
Les cinq dogmes fameux par ta main fabriquez;
Blâmer de tes docteurs la morale risible,
C'est, selon eux, prêcher en calviniste horrible;
C'est nier qu'ici-bas, par l'amour appellé,
Dieu pour tous les humains voulut être immolé.

    Prévenons tout ce bruit : trop tard, dans le naufrage,
Confus, on se repent d'avoir bravé l'orage.
Alte-là donc, ma plume; et toi, sors de ces lieux,
Monstre à qui, par un trait des plus capricieux,
Aujourd'hui terminant ma course satirique,
J'ai prêté dans mes vers une ame allegorique
Fui, va chercher ailleurs tes patrons bien-aimez,
Dans ces pays, par toi rendus si renommez,
Où l'Orne[1] épand ses eaux, et que la Sarthe[2] arrose;
Ou, si plus sûrement tu veux gagner ta cause,
Porte-la dans TREVOUX, à ce beau tribunal,
Où de nouveaux Midas un senat monacal,
Tous les mois, appuyé de ta sœur l'Ignorance,
Pour juger Apollon tient, dit-on, sa séance.

    1.-2. Rivieres qui passent par la Normandie.

FIN DES SATIRES

EPISTRES

EPISTRE I

AU ROY

GRAND ROY, c'est vainement qu'abjurant la satire,
Pour toy seul desormais j'avois fait vœu d'écrire,
Dés que je prens la plume, Apollon, éperdu,
Semble me dire : Arreste, insensé ; que fais-tu ?
Sçais-tu dans quels perils aujourd'huy tu t'engages ?
Cette mer où tu cours est celebre en naufrages.
Ce n'est pas qu'aisément, comme un autre, *à ton char*,
Je ne pûsse attacher *Alexandre et César*;
Qu'aisément je ne pûsse, en quelque ode insipide,
T'exalter aux dépens et *de Mars* et *d'Alcide*;
Te livrer *le Bosphore*, et, d'un vers incivil,
Proposer au *Sultan* de te ceder le *Nil*.
Mais, pour te bien loüer, une raison severe
Me dit qu'il faut sortir de la route vulgaire;
Qu'aprés avoir joüé tant d'auteurs differens,

Phébus mesme auroit peur s'il entroit sur les rangs ;
Que, par des vers tout neufs, avoüez du Parnasse,
Il faut de mes dégousts justifier l'audace ;
Et, si ma muse enfin n'est égale à mon Roi,
Que je presté aux Cotins des armes contre moi.
« Est-ce là cet auteur, l'effroi de la *Pucelle*,
Qui devoit des bons vers nous tracer le modele,
Ce censeur, diront-ils, qui nous reformoit tous?
Quoi? ce critique affreux n'en sçait pas plus que nous.
N'avons-nous pas cent fois, en faveur de la France,
Comme lui, dans nos vers, pris *Memphis* et *Byzance*,
Sur les bords de *l'Euphrate* abbattu *le turban*,
Et coupé, pour rimer, *les cedres du Liban*?
De quel front aujourd'hui vient-il sur nos brisées,
Se revestir encor de nos phrâses usées? »
   Que répondrois-je alors? Honteux et rebuté,
J'aurois beau me complaire en ma propre beauté,
Et, de mes tristes vers admirateur unique,
Plaindre en les relisant l'ignorance publique,
Quelque orgueil en secret dont s'aveugle un auteur,
Il est fâcheux, GRAND ROI, de se voir sans lecteur
Et d'aller du recit de ta gloire immortelle
Habiller chez Francœur[1] le sucre et la canelle.
Ainsi, craignant toûjours un funeste accident,

---

1. Fameux epicier.

J'imite de Conrart[1] le silence prudent;
Je laisse aux plus hardis l'honneur de la carriere,
Et regarde le champ, assis sur la barriere.
 Malgré moi, toutefois, un mouvement secret
Vient flatter mon esprit, qui se tait à regret.
Quoi! dis-je, tout chagrin dans ma verve infertile,
Des vertus de mon Roi spectateur inutile,
Faudra-t-il sur sa gloire attendre à m'exercer
Que ma tremblante voix commence à se glacer?
Dans un si beau projet, si ma muse rebelle
N'ose le suivre aux champs de l'Isle et de Bruxelle,
Sans le chercher aux bords de l'Escaut et du Rhein,
La paix l'offre à mes yeux plus calme et plus serein.
Oüi, GRAND ROI, laissons-là les sieges, les batailles;
Qu'un autre aille en rimant renverser des murailles,
Et, souvent sur tes pas marchant sans ton aveu,
S'aille couvrir de sang, de poussiere et de feu.
A quoy bon d'une muse au carnage animée
Echauffer ta valeur, déja trop allumée?
Jouïssons à loisir du fruit de tes bien-faits,
Et ne nous lassons point des douceurs de la paix.
 « Pourquoi ces elephans, ces armes, ce bagage,
Et ces vaisseaux tout prests à quitter le rivage?
Disoit au roi Pyrrhus un sage confident,

---

1. Fameux academicien qui n'a jamais rien écrit.

Conseiller tres-sensé d'un roi tres-imprudent.
— Je vais, lui dit ce prince, à Rome, où l'on m'appelle.
— Quoi faire? — L'assieger. — L'entreprise est fort belle,
Et digne seulement d'Alexandre ou de vous;
Mais, Rome prise, enfin, Seigneur, où courons-nous?
— Du reste des Latins la conqueste est facile.
— Sans doute on les peut vaincre; est-ce tout? — La Sicile
De là nous tend les bras, et bien-tost sans effort
Syracuse reçoit nos vaisseaux dans son port.
— Bornés-vous là vos pas? — Dés que nous l'aurons prise,
Il ne faut qu'un bon vent et Carthage est conquise.
Les chemins sont ouverts; qui peut nous arrester?
— Je vous entens, Seigneur : nous allons tout domter;
Nous allons traverser les sables de Libye,
Asservir en passant l'Egypte, l'Arabie,
Courir, delà le Gange, en de nouveaux païs,
Faire trembler le Scythe aux bords du Tanaïs,
Et ranger sous nos loix tout ce vaste hemisphere.
Mais, de retour enfin, que pretendez-vous faire?
— Alors, cher Cineas, victorieux, contens,
Nous pourons rire à l'aise et prendre du bon temps.
— Hé, Seigneur, dés ce jour, sans sortir de l'Epire,
Du matin jusqu'au soir qui vous deffend de rire? »
Le conseil estoit sage et facile à gouster.
Pyrrhus vivoit heureux s'il eust pû l'écouter;
Mais à l'ambition d'opposer la prudence,

C'est aux prélats de cour prescher la residence.
   Ce n'est pas que mon cœur, du travail ennemi,
Approuve un faineant sur le thrône endormi;
Mais, quelque vains lauriers que promette la guerre,
On peut estre heros sans ravager la terre.
Il est plus d'une gloire. Envain aux conquerans
L'erreur parmi les rois donne les premiers rangs,
Entre les grands heros ce sont les plus vulgaires.
Chaque siecle est fecond en heureux temeraires :
Chaque climat produit des favoris de Mars.
La Seine a des Bourbons, le Tibre a des Césars;
On a vû mille fois des fanges mœotides
Sortir des conquerans, Goths, Vandales, Gepides.
Mais un roi vraiment roi qui, sage en ses projets,
Sçache en un calme heureux maintenir ses sujets,
Qui du bonheur public ayt cimenté sa gloire,
Il faut, pour le trouver, courir toute l'histoire.
La terre conte peu de ces rois bien-faisans.
Le Ciel à les former se prépare long-temps.
Tel fut cet empereur[1], sous qui Rome adorée
Vid renaistre les jours de Saturne et de Rhée,
Qui rendit de son joug l'univers amoureux;
Qu'on n'alla jamais voir sans revenir heureux;
Qui soûpiroit le soir si sa main fortunée

1. Titus.

N'avoit par ses bienfaits signalé la journée.
Le cours ne fut pas long d'un empire si doux.
   Mais où cherchay-je ailleurs ce qu'on trouve chez nous?
Grand Roi, sans recourir aux histoires antiques,
Ne t'avons-nous pas vû dans les plaines belgiques,
Quand l'ennemi vaincu, desertant ses remparts,
Au devant de ton joug couroit de toutes parts,
Toi-mesme te borner au fort de ta victoire,
Et chercher dans la paix une plus juste gloire ?
Ce sont là les exploits que tu dois avoüer,
Et c'est par là, Grand Roi, que je te veux loüer.
Assez d'autres sans moy, d'un stile moins timide,
Suivront aux champs de Mars ton courage rapide ;
Iront de ta valeur effrayer l'univers,
Et camper devant Dôle au milieu des hyvers.
Pour moy, loin des combats, sur un ton moins terrible,
Je diray les exploits de ton regne paisible.
Je peindray les plaisirs en foule renaissans,
Les oppresseurs du peuple à leur tour gemissans.
On verra par quels soins ta sage prévoyance,
Au fort de la famine, entretint l'abondance.
On verra les abus par ta main reformez,
La licence et l'orgueil en tous lieux reprimez,
Du débris des traitans ton épargne grossie,
Des subsides affreux la rigueur adoucie,
Le soldat dans la paix sage et laborieux,

Nos artisans grossiers rendus industrieux,
Et nos voisins frustrez de ces tributs serviles
Que payoit à leur art le luxe de nos villes.
Tantost je traceray tes pompeux bâtimens,
Du loisir d'un heros nobles amusemens.
J'entens déja frémir les deux mers, étonnées
De voir leurs flots unis au pié des Pyrenées.
Déja de tous costez la Chicane, aux abois,
S'enfuit au seul aspect de tes nouvelles lois.
O que ta main par là va sauver de pupilles!
Que de sçavans plaideurs desormais inutiles!
Qui ne sent point l'effet de tes soins genereux?
L'univers, sous ton regne, a-t-il des malheureux?
Est-il quelque vertu dans les glaces de l'Ourse,
Ni dans ces lieux brûlez où le jour prend sa source,
Dont la triste indigence ose encore approcher,
Et qu'en foule tes dons d'abord n'aillent chercher?
C'est par toy qu'on va voir les Muses enrichies
De leur longue disette à jamais affranchies.
GRAND ROI, poursuy toûjours; asseure leur repos.
Sans elles, un heros n'est pas long-temps heros :
Bien-tost, quoy qu'il ayt fait, la mort, d'une ombre noire,
Enveloppe avec lui son nom et son histoire.
Envain, pour s'exemter de l'oubli du cercueil,
Achille mit vingt fois tout Ilion en deuil;
Envain, malgré les vents, aux bords de l'Hesperie

Enée enfin porta ses dieux et sa patrie ;
Sans le secours des vers, leurs noms tant publiez
Seroient depuis mille ans avec eux oubliez.
Non, à quelque hauts faits que ton destin t'appelle,
Sans le secours soigneux d'une muse fidelle,
Pour t'immortaliser tu fais de vains efforts.
Apollon te la doit; ouvre-luy tes tresors;
En poëtes fameux rens nos climats fertiles.
Un Auguste aisément peut faire des Virgiles.
Que d'illustres témoins de ta vaste bonté
Vont pour toy déposer à la posterité!

    Pour moi qui, sur ton nom déja brûlant d'écrire,
Sens au bout de ma plume expirer la satire,
Je n'ose de mes vers vanter ici le prix.
Toutefois, si quelqu'un de mes foibles écrits
Des ans injurieux peut éviter l'outrage,
Peut-estre pour ta gloire aura-t-il son usage ;
Et comme tes exploits, étonnant les lecteurs,
Seront à peine creus sur la foy des auteurs,
Si quelque esprit malin les veut traiter de fables,
On dira quelque jour, pour les rendre croyables :
« Boileau, qui dans ses vers pleins de sincerité
Jadis à tout son siecle a dit la verité,
Qui mit à tout blâmer son étude et sa gloire,
A pourtant de ce roi parlé comme l'histoire. »

EPISTRE II

A MONSIEUR L'ABBÉ DES ROCHES

A quoi bon réveiller mes muses endormies
Pour tracer aux auteurs des regles ennemies?
Penses-tu qu'aucun d'eux veuille subir mes loix,
Ni suivre une raison qui parle par ma voix?
« O le plaisant docteur qui, sur les pas d'Horace,
Vient prescher, diront-ils, la reforme au Parnasse!
Nos écrits sont mauvais, les siens valent-ils mieux? »
J'entens déja d'ici Liniere furieux
Qui m'appelle au combat sans prendre un plus long terme.
« De l'encre, du papier, dit-il; qu'on nous enferme.
Voyons qui de nous deux, plus aisé dans ses vers,
Aura plûtost rempli la page et le revers. »
Moy donc qui suis peu fait à ce genre d'escrime,
Je le laisse tout seul verser rime sur rime,

Et, souvent de dépit contre moy s'exerçant,
Punir de mes defauts le papier innocent.
Mais toy qui ne crains point qu'un rimeur te noircisse,
Que fais-tu cependant seul en ton benefice?
Attens-tu qu'un fermier, payant, quoy qu'un peu tard,
De ton bien, pour le moins, daigne te faire part?
Vas-tu, grand deffenseur des droits de ton Eglise,
De tes moines mutins reprimer l'entreprise?
Croy-moy, dût Ausanet t'assurer du succés,
Abbé, n'entrepren point mesme un juste procés.
N'imite point ces fous dont la sotte avarice
Va de ses revenus engraisser la justice,
Qui, toûjours assignans et toûjours assignez,
Souvent demeurent gueux de vingt procés gagnez.
« Soûtenons bien nos droits : sot est celui qui donne. »
C'est ainsi devers Caen que tout normand raisonne;
Ce sont là les leçons dont un pere manceau
Instruit son fils novice au sortir du berceau.
Mais pour toy qui, nouri bien en deça de l'Oise,
As sucé la vertu picarde et champenoise,
Non, non, tu n'iras point, ardent beneficier,
Faire enroüer pour toy Corbin ni le Mazier.
Toutefois, si jamais quelque ardeur bilieuse
Allumoit dans ton cœur l'humeur litigieuse,
Consulte-moy d'abord, et, pour la reprimer,
Retien bien la leçon que je te vais rimer :

Un jour, dit un auteur, n'importe en quel chapitre,
Deux voyageurs à jeun rencontrerent une huistre.
Tous deux la contestoient, lors que dans leur chemin
La Justice passa, la balance à la main.
Devant elle à grand bruit ils expliquent la chose.
Tous deux avec dépens veulent gagner leur cause.
La Justice, pesant ce droit litigieux,
Demande l'huistre, l'ouvre, et l'avale à leurs yeux,
Et par ce bel arrest terminant la bataille :
« Tenez, voila, dit-elle, à chacun une écaille :
Des sottises d'autrui nous vivons au Palais.
Messieurs, l'huistre estoit bonne. Adieu ; vivez en paix. »

EPISTRE III

A MONSIEUR ARNAUD

DOCTEUR DE SORBONE

Oui, sans peine, au travers des sophismes de Claude,
Arnaud, des novateurs tu découvres la fraude,
Et romps de leurs erreurs les filets captieux.
Mais que sert que ta main leur désille les yeux,
Si toûjours dans leur ame une pudeur rebelle,
Prests d'embrasser l'Eglise, au presche les rappelle?
Non, ne croy pas que Claude, habile à se tromper,
Soit insensible aux traits dont tu le sçais frapper;
Mais un démon l'arreste, et, quand ta voix l'attire,
Lui dit : « Si tu te rens, sçais-tu ce qu'on va dire? »
Dans son heureux retour lui montre un faux malheur,
Lui peint de Charenton l'heretique douleur,
Et, balançant Dieu mesme en son ame flottante,

Fait mourir dans son cœur la verité naissante.
Des superbes mortels le plus affreux lien,
N'en doutons point, Arnaud, c'est la honte du bien.
Des plus nobles vertus cette adroite ennemie,
Peint l'honneur à nos yeux des traits de l'infamie,
Asservit nos esprits sous un joug rigoureux,
Et nous rend l'un de l'autre esclaves malheureux.
Par elle la vertu devient lâche et timide.
Vois-tu ce libertin, en public intrepide,
Qui prêche contre un Dieu que dans son ame il croit,
Il iroit embrasser la verité, qu'il voit ;
Mais de ses faux amis il craint la raillerie,
Et ne brave ainsi Dieu que par poltronerie.

 C'est là de tous nos maux le fatal fondement.
Des jugemens d'autrui nous tremblons follement,
Et chacun, l'un de l'autre adorant les caprices,
Nous cherchons hors de nous nos vertus et nos vices.
Miserables joüets de nostre vanité,
Faisons au moins l'aveu de nostre infirmité.
A quoy bon, quand la fiévre en nos arteres brûle,
Faire de nostre mal un secret ridicule ?
Le feu sort de vos yeux, petillans et troublez,
Vostre pouls, inégal, marche à pas redoublez ;
Quelle fausse pudeur à feindre vous oblige ?
« Qu'avez-vous ? — Je n'ai rien. — Mais... — Je n'ai rien, vous [dis-je, »
Répondra ce malade, à se taire obstiné.

Mais cependant voilà tout son corps cangrené,
Et la fiévre demain, se rendant la plus forte,
Un benitier aux pieds va l'étendre à la porte.
Prévenons sagement un si juste malheur.
Le jour fatal est proche, et vient comme un voleur.
Avant qu'à nos erreurs le Ciel nous abandonne,
Proffitons de l'instant que de grâce il nous donne.
Hastons-nous; le temps fuit, et nous traîne avec soy :
Le moment où je parle est déja loin de moy.

   Mais quoy? toûjours la honte en esclaves nous lie.
Oüi, c'est toy qui nous pers, ridicule folie;
C'est toy qui fis tomber le premier malheureux,
Le jour que, d'un faux bien sottement amoureux,
Et n'osant soupçonner sa femme d'imposture,
Au démon par pudeur il vendit la nature.
Helas! avant ce jour, qui perdit ses neveux,
Tous les plaisirs couroient au devant de ses vœux :
La faim aux animaux ne faisoit point la guerre,
Le blé, pour se donner, sans peine ouvrant la terre,
N'attendoit point qu'un bœuf, pressé de l'éguillon,
Traçast à pas tardifs un pénible sillon;
La vigne offroit par tout des grappes toûjours pleines,
Et des ruisseaux de lait serpentoient dans les plaines.
Mais dés ce jour Adam, déchû de son état,
D'un tribut de douleurs paya son attentat.
Il fallut qu'au travail son corps rendu docile,

Forçast la terre avare à devenir fertile.
Le chardon importun herissa les guerets;
Le serpent venimeux rampa dans les forests;
La canicule en feu desola les campagnes;
L'aquilon en fureur gronda sur les montagnes.
Alors, pour se couvrir durant l'âpre saison,
Il fallut aux brebis dérober leur toison.
La peste en mesme temps, la guerre et la famine
Des malheureux humains jurerent la ruine;
Mais aucun de ces maux n'égala les rigueurs
Que la mauvaise honte exerça dans les cœurs.
De ce nid à l'instant sortirent tous les vices.
L'avare, des premiers en proye à ses caprices,
Dans un infame gain mettant l'honnesteté,
Pour toute honte alors compta la pauvreté.
L'honneur et la vertu n'oserent plus paroistre,
La pieté chercha les deserts et le cloistre.
Depuis, on n'a point vû de cœur si détaché,
Qui par quelque lien ne tinst à ce peché.
Triste et funeste effet du premier de nos crimes!
Moy-mesme, Arnaud, ici qui te prêche en ces rimes,
Plus qu'aucun des mortels par la honte abattu,
Envain j'arme contr'elle une foible vertu.
Ainsi, toûjours doûteux, chancelant et volage,
A peine du limon où le vice m'engage,
J'arrache un pié timide, et sors en m'agitant,

Que l'autre m'y reporte, et s'embourbe à l'instant.
Car si, comme aujourd'hui, quelque rayon de zele
Allume dans mon cœur une clarté nouvelle,
Soudain, aux yeux d'autrui s'il faut la confirmer,
D'un geste, d'un regard je me sens alarmer;
Et, mesme sur ces vers que je te viens d'écrire,
Je tremble en ce moment de ce que l'on va dire.

EPISTRE IV

AU ROY

EN VAIN, pour te loüer, ma muse, toûjours preste,
Vingt fois de la Hollande a tenté la conqueste ;
Ce païs, où cent murs n'ont pû te resister,
GRAND ROY, n'est pas en vers si facile à domter.
Des villes que tu prens les noms durs et barbares
N'offrent de toutes parts que syllabes bizarres.
Et, l'oreille effrayée, il faut, depuis l'Issel,
Pour trouver un beau mot, courir jusqu'au Tessel.
Oüi, par tout de son nom chaque place munie
Tient bon contre le vers, en détruit l'harmonie
Et qui peut sans fremir aborder Woerden?
Quel vers ne tomberoit au seul nom de Heusden?
Quelle muse, à rimer en tous lieux dispozée,
Oseroit approcher des bords du Zuiderzée?
Comment en vers heureux assieger Doësbourg,

Zutphen, Wageninghen, Hardervic, Knotzembourg?
Il n'est fort, entre ceux que tu prens par centaines,
Qui ne puisse arrester un rimeur six semaines;
Et par tout, sur le Whal, ainsi que sur le Leck,
Le vers est en déroute, et le poëte à sec.
   Encor si tes exploits, moins grands et moins rapides,
Laissoient prendre courage à nos muses timides,
Peut-estre avec le temps, à force d'y rêver,
Par quelque coup de l'art nous pourions nous sauver.
Mais, dés qu'on veut tenter cette vaste carriere,
Pegâze s'effarouche et recule en arriere;
Mon Apollon s'étonne, et Nimegue est à toy
Que ma muse est encore au camp devant Orsoy.
Aujourd'huy toutefois mon zele m'encourage;
Il faut au moins du Rhin tenter l'heureux passage.
Un trop juste devoir veut que nous l'essayons.
Muses, pour le tracer, cherchez tous vos crayons.
Car, puisqu'en cet exploit tout paroist incroyable,
Que la verité pure y ressemble à la fable,
De tous vos ornemens vous pouvez l'égayer;
Venez donc, et sur tout gardez bien d'ennuyer.
Vous sçavez des grands vers les disgraces tragiques,
Et souvent on ennuye en termes magnifiques.
   Au pied du mont Adulle[1], entre mille roseaux,

---

1. Montagne d'où le Rhin prend sa source.

Le Rhin, tranquille et fier du progrés de ses eaux,
Appuyé d'une main sur son urne penchante,
Dormoit au bruit flatteur de son onde naissante,
Lors qu'un cri, tout à coup, suivi de mille cris,
Vient d'un calme si doux retirer ses esprits.
Il se trouble, il regarde, et par tout sur ses rives
Il voit fuir à grands pas ses naïades craintives,
Qui toutes, accourant vers leur humide roy,
Par un recit affreux redoublent son effroy.
Il apprend qu'un heros conduit par la victoire
A de ses bords fameux flétri l'antique gloire;
Que Rhimberg et Vesel, terrassez en deux jours,
D'un joug déja prochain menacent tout son cours.
« Nous l'avons veu, dit l'une, affronter la tempeste
De cent foudres d'airain tournez contre sa teste.
Il marche vers Tholus, et tes flots en courroux
Au prix de sa fureur sont tranquilles et doux.
Il a de Jupiter la taille et le visage ;
Et, depuis ce Romain [1] dont l'insolent passage
Sur un pont en deux jours trompa tous tes efforts,
Jamais rien de si grand n'a paru sur tes bords. »
 Le Rhin tremble et frémit à ces tristes nouvelles;
Le feu sort à travers ses humides prunelles.
« C'est donc trop peu, dit-il, que l'Escaut en deux mois

---

1. Jules Cesar.

Ayt appris à couler sous de nouvelles loix ;
Et de mille remparts mon onde environnée
De ces fleuves sans nom suivra la destinée?
Ah! perissent mes eaux! ou, par d'illustres coups,
Montrons qui doit céder des mortels ou de nous. »
A ces mots, essuyant sa barbe limoneuse,
Il prend d'un vieux guerrier la figure poudreuse.
Son front cicatricé rend son air furieux,
Et l'ardeur du combat étincelle en ses yeux.
En ce moment, il part, et, couvert d'une nuë,
Du fameux fort de Skinq prend la route connuë.
Là, contemplant son cours, il voit de toutes parts
Ses pasles deffenseurs par la frayeur épars;
Il voit cent bataillons qui, loin de se deffendre,
Attendent sur des murs l'ennemi pour se rendre.
Confus, il les aborde et, renforçant sa voix :
« Grands arbitres, dit-il, des querelles des rois,
Est-ce ainsi que vostre ame, aux perils aguerrie,
Soûtient sur ces remparts l'honneur et la patrie[1]?
Vostre ennemi superbe, en cet instant fameux,
Du Rhin, prés de Tholus, fend les flots écumeux.
Du moins, en vous montrant sur la rive opposée,
N'oseriez-vous saisir une victoire aisée?

---

1. Il y avoit sur les drapeaux des Hollandois : *Pro honore et patriâ*.

Allez, vils combattans, inutiles soldats,
Laissez là ces mousquets trop pesans pour vos bras;
Et, la faux à la main, parmi vos marescages,
Allez couper vos joncs et presser vos laictages;
Ou, gardant les seuls bords qui vous peuvent couvrir,
Avec moi, de ce pas, venez vaincre ou mourir. »
 Ce discours d'un guerrier que la colere enflâmme
Ressuscite l'honneur, déja mort en leur ame;
Et, leurs cœurs s'allumant d'un reste de châleur,
La honte fait en eux l'effet de la valeur.
Ils marchent droit au fleuve, où Louis en personne,
Déja prest à passer, instruit, dispose, ordonne.
Par son ordre Grammont[1], le premier dans les flots,
S'avance, soûtenu des regards du heros.
Son coursier, écumant sous son maistre intrepide,
Nâge tout orgueilleux de la main qui le guide.
Revel le suit de prés; sous ce chef redouté
Marche des cuirassiers l'escadron indomté.
Mais déja devant eux une châleur guerriere
Emporte loin du bord le boüillant l'Esdiguiere[2],
Vivonne, Nantoüillet, et Coëslin, et Salart :
Chacun d'eux au peril veut la premiere part.
Vendosme, que soûtient l'orgueil de sa naissance,

1. Monsieur le comte de Guiche.
2. Monsieur le comte de Saux.

Au mesme instant dans l'onde impatient s'élance.
La Salle, Beringhen, Nogent, Dambre, Cavois,
Fendent les flots tremblans sous un si noble poids.
Louis, les animant du feu de son courage,
Se plaint de sa grandeur, qui l'attache au rivage.
Par ses soins, cependant, trente legers vaisseaux
D'un trenchant aviron déja coupent les eaux.
Cent guerriers, s'y jettant, signalent leur audace.
Le Rhin les voit d'un œil qui porte la menace.
Il s'avance en courroux. Le plomb vole à l'instant,
Et pleut de toutes parts sur l'escadron flottant.
Du salpestre en fureur l'air s'échauffe et s'allume ;
Et des coups redoublez tout le rivage fume.
Déja du plomb mortel plus d'un brave est atteint ;
Sous les fougueux coursiers l'onde écume, et se plaint.
De tant de coups affreux la tempeste orageuse
Tient un temps sur les eaux la fortune douteuse.
Mais Louis d'un regard sçait bien-tost la fixer.
Le Destin à ses yeux n'oseroit balancer.
Bien-tost avec Grammont courent Mars et Bellone.
Le Rhin, à leur aspect, d'épouvante frissonne,
Quand, pour nouvelle alarme à ses esprits glacez,
Un bruit s'épand qu'Enguien et Condé sont passez :
Condé, dont le seul nom fait tomber les murailles,
Force les escadrons et gagne les batailles ;
Enguien, de son hymen le seul et digne fruit,

Par lui dés son enfance à la victoire instruit.
L'ennemi, renversé, fuit et gagne la plaine.
Le dieu lui-mesme cede au torrent qui l'entraîne,
Et seul, desesperé, pleurant ses vains efforts,
Abandonne à Louis la victoire et ses bords.

Du fleuve ainsi domté la déroute éclatante
A Wurts jusqu'en son camp va porter l'épouvante;
Wurts, l'espoir du païs et l'appui de ses murs,
Wurts!... ah! quel nom, GRAND ROY! quel Hector que ce
Sans ce terrible nom, mal né pour les oreilles, [Wurts!
Que j'allois à tes yeux étaler de merveilles!
Bien-tost on eut veu Skinq, dans mes vers emporté,
De ses fameux remparts démentir la fierté.
Bien-tost... mais Wurts s'oppose à l'ardeur qui m'anime.
Finissons, il est temps; aussi bien, si la rime
Alloit mal à propos m'engager dans Arnheim,
Je ne sçai, pour sortir, de porte qu'Hildesheim.

O! que le Ciel, soigneux de notre poësie,
GRAND ROY, ne nous fist-il plus voisins de l'Asie!
Bien-tost, victorieux de cent peuples altiers,
Tu nous aurois fourni des rimes à milliers.
Il n'est plaine en ces lieux si seche et si sterile
Qui ne soit en beaux mots par tout riche et fertile.
Là, plus d'un bourg fameux par son antique nom
Vient offrir à l'oreille un agreable son.
Quel plaisir de te suivre aux rives du Scamandre;

D'y trouver d'Ilion la poëtique cendre ;
De juger si les Grecs, qui briserent ses tours,
Firent plus en dix ans que Louis en dix jours !
Mais pourquoi sans raison desesperer ma veine ?
Est-il dans l'univers de plage si lointaine
Où ta valeur, Grand Roy, ne te puisse porter,
Et ne m'offre bien-tost des exploits à chanter ?
Non, non, ne faisons plus de plaintes inutiles :
Puis qu'ainsi dans deux mois tu prens quarante villes,
Assuré des beaux vers dont ton bras me répond,
Je t'attens dans deux ans aux bords de l'Hellespont.

EPISTRE V

A MONSIEUR DE GUILLERAGUES

SECRETAIRE DU CABINET

Esprit né pour la cour et maistre en l'art de plaire,
Guilleragues, qui sçais et parler et te taire,
Appren-moi si je dois ou me taire ou parler.
Faut-il dans la satire encor me signaler,
Et, dans ce champ fecond en plaisantes malices,
Faire encore aux auteurs redouter mes caprices?
Jadis non sans tumulte on m'y vit éclater,
Quand mon esprit, plus jeune et prompt à s'irriter,
Aspiroit moins au nom de discret et de sage,
Que mes cheveux, plus noirs, ombrageoient mon visage.
Maintenant que le temps a meuri mes desirs,
Que mon âge, amoureux de plus sages plaisirs,

Bien-tost s'en va frapper à son neuviéme lustre[1].
J'aime mieux mon repos qu'un embarras illustre.
Que d'une égale ardeur mille auteurs animés
Aiguisent contre moi leurs traits envenimés,
Que tout, jusqu'à Pinchesne, et m'insulte et m'accable,
Aujourd'hui, vieux lion, je suis doux et traitable;
Je n'arme point contre eux mes ongles émoussés.
Ainsi que mes beaux jours, mes chagrins sont passés.
Je ne sens plus l'aigreur de ma bile premiere,
Et laisse aux froids rimeurs une libre carriere.

   Ainsi donc, philosophe à la raison soûmis,
Mes defauts desormais sont mes seuls ennemis.
C'est l'erreur que je fuis, c'est la vertu que j'aime;
Je songe à me connoistre, et me cherche en moi-même.
C'est là l'unique étude où je veux m'attacher.
Que, l'astrolabe en main, un autre aille chercher
Si le soleil est fixe ou tourne sur son axe,
Si Saturne à nos yeux peut faire un parallaxe;
Que Rohaut vainement seche pour concevoir
Comment, tout estant plein, tout a pû se mouvoir;
Ou que Bernier compose et le sec et l'humide
Des corps ronds et crochus errans parmi le vuide.
Pour moy, sur cette mer qu'ici bas nous courons,
Je songe à me pourvoir d'esquif et d'avirons,

---

1. A la quarante et uniéme année.

A regler mes desirs, à prévenir l'orage,
Et sauver, s'il se peut, ma raison du naufrage.
 C'est au repos d'esprit que nous aspirons tous;
Mais ce repos heureux se doit chercher en nous
Un fou, rempli d'erreurs que le trouble accompagne,
Et malade à la ville ainsi qu'à la campagne,
Envain monte à cheval pour tromper son ennui,
Le chagrin monte en croupe, et galoppe avec lui.
Que crois-tu qu'Alexandre, en ravageant la terre,
Cherche parmi l'horreur, le tumulte et la guerre?
Possedé d'un ennui qu'il ne sçauroit domter,
Il craint d'estre à soi-méme, et songe à s'éviter.
C'est là ce qui l'emporte aux lieux où naist l'aurore,
Où le Perse est brûlé de l'astre qu'il adore.
 De nos propres malheurs auteurs infortunés,
Nous sommes loin de nous à toute heure entraînés.
A quoy bon ravir l'or au sein du nouveau monde?
Le bonheur, tant cherché sur la terre et sur l'onde,
Est ici comme aux lieux où meurit le coco,
Et se trouve à Paris de mesme qu'à Cusco [1].
On ne le tire point des veines du Potose [2].
Qui vit content de rien possede toute chose.
Mais, sans cesse ignorans de nos propres besoins,

[1]. Capitale du Perou.
[2]. Montagne où sont les mines d'argent.

Nous demandons au Ciel ce qu'il nous faut le moins.
« O ! que si, cet hyver, un rhûme salutaire,
Guérissant de tous maux mon avare beau-pere,
Pouvoit, bien confessé, l'étendre en un cercüeil
Et remplir sa maison d'un agreable deüil !
Que mon ame, en ce jour de joye et d'opulence,
D'un superbe convoi plaindroit peu la dépense ! »
Disoit, le mois passé, doux, honneste et soûmis,
L'heritier affammé de ce riche commis
Qui, pour lui préparer cette douce journée,
Tourmenta quarante ans sa vie infortunée.
La mort vient de saisir le vieillard catherreux.
Voilà son gendre riche. En est-il plus heureux?
Tout fier du faux éclat de sa vaine richesse,
Déja, nouveau seigneur, il vante sa noblesse.
Quoi-que fils de meusnier, encor blanc du moulin,
Il est prest à fournir ses titres en vélin.
En mille vains projets à toute heure il s'égare :
Le voilà fou, superbe, impertinent, bizarre,
Rêveur, sombre, inquiet, à soy-même ennuyeux.
Il vivroit plus content si, comme ses ayeux,
Dans un habit conforme à sa vraye origine,
Sur le mulet encore il chargeoit la farine.

 Mais ce discours n'est pas pour le peuple ignorant,
Que le faste éblouit d'un bonheur apparent.
L'argent ! l'argent ! dit-on : sans lui tout est sterile;

La vertu sans l'argent n'est qu'un meuble inutile;
L'argent en honneste homme érige un scelerat;
L'argent seul au Palais peut faire un magistrat.
« Qu'importe qu'en tous lieux on me traite d'infâme?
Dit ce fourbe sans foi, sans honneur et sans âme :
Dans mon coffre, tout plein de rares qualités,
J'ai cent mille vertus en louïs bien comptés.
Est-il quelque talent que l'argent ne me donne? »
C'est ainsi qu'en son cœur ce financier raisonne.
Mais pour moi, que l'éclat ne sçauroit decevoir,
Qui mets au rang des biens l'esprit et le sçavoir,
J'estime autant Patru[1], mesme dans l'indigence,
Qu'un commis engraissé des malheurs de la France.
   Non que je sois du goust de ce sage[2] insensé
Qui, d'un argent commode esclave embarrassé,
Jetta tout dans la mer pour crier : « Je suis libre. »
De la droite raison je sens mieux l'équilibre;
Mais je tiens qu'ici-bas, sans faire tant d'appresrs,
La vertu se contente et vit à peu de frais.
Pourquoi donc s'égarer en des projets si vagues?
Ce que j'avance icy, croi-moi, cher Guilleragues,
Ton ami, dés l'enfance, ainsi l'a pratiqué.
Mon père, soixante ans au travail appliqué,

---

1. Fameux avocat et le meilleur grammairien de nôtre siecle.
2. Cratés, philosophe cynique.

En mourant me laissa, pour rouler et pour vivre,
Un revenu leger et son exemple à suivre.
Mais bien-tost, amoureux d'un plus noble métier,
Fils, frere, oncle, cousin, beaufrere de greffier,
Pouvant charger mon bras d'une utile liasse,
J'allay loin du Palais errer sur le Parnasse.
La famille en pâlit, et vit en fremissant
Dans la poudre du greffe un poëte naissant.
On vid avec horreur une muse effrénée
Dormir chez un greffier la grasse matinée.
Deslors à la richesse il fallut renoncer.
Ne pouvant l'acquerir, j'appris à m'en passer;
Et, sur tout redoutant la basse servitude,
La libre verité fut mon unique étude.
Dans ce métier funeste à qui veut s'enrichir,
Qui l'eust creu que pour moy le sort dust se fléchir?
Mais du plus grand des rois la bonté sans limite,
Toûjours preste à courir au devant du merite,
Creut voir dans ma franchise un merite inconnu,
Et d'abord de ses dons enfla mon revenu.
La brigue ni l'envie à mon bonheur contraires,
Ni les cris douloureux de mes vains adversaires,
Ne pûrent dans leur course arrester ses bienfaits.
C'en est trop : mon bonheur a passé mes souhaits.
Qu'à son gré desormais la Fortune me jouë,
On me verra dormir au branle de sa rouë.

Si quelque soin encore agite mon repos,
C'est l'ardeur de loüer un si fameux heros.
Ce soin ambitieux, me tirant par l'oreille,
La nuit, lors que je dors, en sursaut me réveille ;
Me dit que ces bienfaits dont j'ose me vanter
Par des vers immortels ont dû se meriter.
C'est là le seul chagrin qui trouble encor mon ame.
Mais si, dans le beau feu du zele qui m'enflamme,
Par un ouvrage enfin des critiques vainqueur,
Je puis sur ce sujet satisfaire mon cœur,
Guilleragues, plain-toi de mon humeur legere
Si jamais, entraîné d'une ardeur étrangere,
Ou d'un vil interest reconnoissant la loi,
Je cherche mon bonheur autre-part que chez moi.

EPISTRE VI

A MONSIEUR DE LAMOIGNON

AVOCAT GENERAL

Oui, Lamoignon, je fuis les chagrins de la ville,
Et contre eux la campagne est mon unique azile.
Du lieu qui m'y retient veux-tu voir le tableau?
C'est un petit village¹, ou plûtost un hameau
Basti sur le penchant d'un long rang de collines,
D'où l'œil s'égare au loin dans les plaines voisines.
La Seine, au pié des monts que son flot vient laver,
Voit du sein de ses eaux vingt isles s'élever
Qui, partageant son cours en diverses manieres,
D'une riviere seule y forment vingt rivieres.
Tous ses bords sont couverts de saules non plantés,

---

1. Hautile, petite seigneurie prés de la Roche-Guyon, appartenante à mon neveu, l'illustre Mr. Dongois.

Et de noyers souvent du passant insultés.
Le village au dessus forme un amphiteatre.
L'habitant ne connoist ni la chaux ni le plastre,
Et dans le roc, qui cede et se coupe aisément,
Chacun sçait de sa main creuzer son logement.
La maison du seigneur, seule un peu plus ornée,
Se presente au dehors de murs environnée.
Le soleil en naissant la regarde d'abord,
Et le mont la deffend des outrages du nord.

C'est-là, cher Lamoignon, que mon esprit tranquille
Met à profit les jours que la Parque me file.
Ici, dans un vallon bornant tous mes desirs,
J'achete à peu de frais de solides plaisirs.
Tantost, un livre en main, errant dans les préries,
J'occupe ma raison d'utiles rêveries.
Tantost, cherchant la fin d'un vers que je construy,
Je trouve au coin d'un bois le mot qui m'avoit fuy.
Quelquefois aux appas d'un hameçon perfide
J'amorce en badinant le poisson trop avide;
Ou, d'un plomb qui suit l'œil et part avec l'éclair,
Je vais faire la guerre aux habitans de l'air.
Une table, au retour, propre et non magnifique,
Nous présente un repas agreable et rustique.
Là, sans s'assujettir aux dogmes du Broussain,
Tout ce qu'on boit est bon, tout ce qu'on mange est sain:
La maison le fournit, la fermiere l'ordonne,

Et mieux que Bergerat[1] l'appetit l'assaizonne
O fortuné séjour! ô champs aimés des cieux!
Que, pour jamais, foulant vos prés delicieux,
Ne puis-je ici fixer ma course vagabonde,
Et, connu de vous seuls, oublier tout le monde!

 Mais à peine, du sein de vos vallons cheris
Arraché malgré moi, je rentre dans Paris
Qu'en tous lieux les chagrins m'attendent au passage
Un cousin, abusant d'un fâcheux parentage,
Veut qu'encor tout poudreux et sans me débotter,
Chez vingt juges pour lui j'aille solliciter.
Il faut voir de ce pas les plus considerables :
L'un demeure au Marais, et l'autre aux Incurables.
Je reçois vingt avis qui me glacent d'effroy.
« Hier, dit-on, de vous on parla chez le Roy,
Et d'attentat horrible on traita la satire.
— Et le Roy, que dit-il? — Le Roy se prit à rire.
Contre vos derniers vers on est fort en courroux;
Pradon a mis au jour un livre contre vous,
Et, chez le chappelier du coin de nostre place,
Autour d'un caudebec j'en ay lû la préface.
L'autre jour sur un mot la Cour vous condamna.
Le bruit court qu'avant-hier on vous assassina.
Un écrit scandaleux sous vostre nom se donne.

1. Fameux traiteur.

D'un pasquin qu'on a fait, au Louvre, on vous soupçonne.
— Moi ? — Vous. On nous l'a dit dans le Palais Royal. »
Douze ans sont écoulez depuis le jour fatal
Qu'un libraire, imprimant les essais de ma plume,
Donna, pour mon malheur, un trop heureux volume.
Toûjours depuis ce temps en proye aux sots discours,
Contre eux la verité m'est un foible secours.
Vient-il de la province une satire fade,
D'un plaisant du païs insipide boutade,
Pour la faire courir on dit qu'elle est de moi,
Et le sot campagnard le croit de bonne foi.
J'ay beau prendre à témoin et la Cour et la Ville.
« Non, à d'autres, dit-il, on connoist vostre stile.
Combien de temps ces vers vous ont-ils bien cousté?
— Ils ne sont point de moi, Monsieur, en verité.
Peut-on m'attribuer ces sottises étranges?
— Ah! Monsieur, vos mépris vous servent de loüanges. »
   Ainsi de cent chagrins dans Paris accablé,
Juge si, toûjours triste, interrompu, troublé,
Lamoignon, j'ay le temps de courtiser les Muses.
Le monde cependant se rit de mes excuses,
Croit que, pour m'inspirer sur chaque evenement,
Apollon doit venir au premier mandement.
   Un bruit court que le Roy va tout reduire en poudre,
Et dans Valencienne est entré comme un foudre;
Que Cambray, des François l'épouvantable écueil,

A veu tomber enfin ses murs et son orgueil;
Que devant Saint-Omer, Nassau, par sa défaite,
De Philippe vainqueur rend la gloire complete.
« Dieu sçait comme les vers chés vous s'en vont couler ! »
Dit d'abord un ami qui veut me cageoler,
Et dans ce temps guerrier et fecond en Achilles,
Croit que l'on fait les vers comme l'on prend les villes.
Mais moi, dont le genie est mort en ce moment,
Je ne sçai que répondre à ce vain compliment;
Et, justement confus de mon peu d'abondance,
Je me fais un chagrin du bonheur de la France.

Qu'heureux est le mortel qui, du monde ignoré,
Vit content de soi-mesme en un coin retiré;
Que l'amour de ce rien qu'on nomme renommée
N'a jamais enyvré d'une vaine fumée;
Qui de sa liberté forme tout son plaisir,
Et ne rend qu'à luy seul compte de son loisir !
Il n'a point à souffrir d'affronts ni d'injustices,
Et du peuple inconstant il brave les caprices.
Mais nous autres faiseurs de livres et d'écrits,
Sur les bords du Permesse aux loüanges nourris,
Nous ne sçaurions briser nos fers et nos entraves;
Du lecteur dédaigneux honnorables esclaves,
Du rang où nostre esprit une fois s'est fait voir,
Sans un fâcheux éclat nous ne sçaurions déchoir.
Le public, enrichi du tribut de nos veilles,

Croit qu'on doit ajoûter merveilles sur merveilles.
Au comble parvenus, il veut que nous croissions ;
Il veut en vieillissant que nous rajeunissions.
Cependant tout décroist, et moi-mesme, à qui l'âge
D'aucune ride encor n'a flétri le visage,
Déja moins plein de feu, pour animer ma voix,
J'ai besoin du silence et de l'ombre des bois.
Ma muse, qui se plaist dans leurs routes perduës,
Ne sçauroit plus marcher sur le pavé des ruës.
Ce n'est que dans ces bois propres à m'exciter
Qu'Apollon quelquefois daigne encor m'écouter.
Ne demande donc plus par quel humeur sauvage,
Tout l'esté, loin de toi demeurant au village,
J'y passe obstinément les ardeurs du Lion,
Et montre pour Paris si peu de passion.
C'est à toi, Lamoignon, que le rang, la naissance,
Le merite éclatant et la haute éloquence
Appellent dans Paris aux sublimes emplois,
Qu'il sied bien d'y veiller pour le maintien des loix.
Tu dois là tous tes soins au bien de ta patrie.
Tu ne t'en peux bannir que l'orphelin ne crie ;
Que l'oppresseur ne montre un front audacieux ;
Et Thémis pour voir clair a besoin de tes yeux.
Mais pour moi, de Paris citoyen inhabile,
Qui ne lui puis fournir qu'un rêveur inutile,
Il me faut du repos, des prez et des forests.

Laisse-moi donc ici, sous leurs ombrages frais,
Attendre que septembre ayt ramené l'automne,
Et que Cerés contente ayt fait place à Pomone.
Quand Bacchus comblera de ses nouveaux bienfaits
Le vendangeur ravi de ployer sous le faix,
Aussi-tost ton ami, redoutant moins la ville,
T'ira joindre à Paris pour s'enfuir à Baville.
Là, dans le seul loisir que Thémis t'a laissé,
Tu me verras souvent à te suivre empressé,
Pour monter à cheval rappellant mon audace,
Apprenti cavalier galopper sur ta trace.
Tantost sur l'herbe assis au pié de ces côteaux
Où Polycrene[1] épand ses liberales eaux,
Lamoignon, nous irons, libres d'inquietude,
Discourir des vertus dont tu fais ton étude ;
Chercher quels sont les biens veritables et faux ;
Si l'honneste homme en soi doit souffrir des defaux ;
Quel chemin le plus droit à la gloire nous guide,
Ou la vaste science, ou la vertu solide.
C'est ainsi que chés toi tu sçauras m'attacher.
Heureux si les fâcheux, promts à nous y chercher,
N'y viennent point semer l'ennuieuse tristesse.
Car, dans ce grand concours d'hommes de toute espece

---

1. Fontaine à une demi-lieuë de Baville, ainsi nommée par feu M. le premier president de Lamoignon.

Que sans cesse à Baville attire le devoir,
Au lieu de quatre amis qu'on attendoit le soir,
Quelquefois de fâcheux arrivent trois volées
Qui du parc à l'instant assiegent les allées.
Alors, sauve qui peut, et quatre fois heureux
Qui sçait pour s'échapper quelque antre ignoré d'eux!

EPISTRE VII

A MONSIEUR RACINE

Que tu sçais bien, Racine, à l'aide d'un acteur,
Emouvoir, étonner, ravir un spectateur !
Jamais Iphigenie, en Aulide immolée,
N'a cousté tant de pleurs à la Grece assemblée
Que, dans l'heureux spectacle à nos yeux étalé,
En a fait sous son nom verser la Chanmeslé.
Ne croy pas toutefois, par tes sçavans ouvrages,
Entraînant tous les cœurs, gagner tous les suffrages :
Si-tost que d'Apollon un genie inspiré
Trouve loin du vulgaire un chemin ignoré,
En cent lieux contre lui les cabales s'amâssent,
Ses rivaux obscurcis autour de luy croassent,
Et son trop de lumiere, importunant les yeux,

De ses propres amis luy fait des envieux.
La mort seule icy bas, en terminant sa vie,
Peut calmer sur son nom l'injustice et l'envie,
Faire au poids du bon sens pezer tous ses écrits,
Et donner à ses vers leur legitime prix.
Avant qu'un peu de terre obtenu par priere
Pour jamais sous la tombe eust enfermé Moliere,
Mille de ces beaux traits aujourd'hui si vantés
Furent des sots esprits à nos yeux rebuttés.
L'ignorance et l'erreur, à ses naissantes pieces,
En habits de marquis, en robbes de comtesses,
Venoient pour diffamer son chef-d'œuvre nouveau,
Et secoüoient la teste à l'endroit le plus beau.
Le commandeur vouloit la scene plus exacte.
Le vicomte indigné sortoit au second acte.
L'un, deffenseur zelé des bigots mis en jeu,
Pour prix de ses bons mots le condamnoit au feu.
L'autre, fougueux marquis, luy declarant la guerre,
Vouloit vanger la Cour immolée au parterre.
Mais si-tost que, d'un trait de ses fatales mains,
La Parque l'eust rayé du nombre des humains,
On reconnut le prix de sa muse éclipsée.
L'aimable Comedie, avec luy terrassée,
Envain d'un coup si rude espera revenir,
Et sur ses brodequins ne put plus se tenir.
Tel fut chez nous le sort du theatre comique.

Toy donc qui, t'élevant sur la scene tragique,
Suis les pas de Sophocle, et, seul de tant d'esprits,
De Corneille vieilli sçais consoler Paris,
Cesse de t'étonner si l'envie animée,
Attachant à ton nom sa roüille envenimée,
La calomnie en main, quelquefois te poursuit.
En cela, comme en tout, le Ciel, qui nous conduit,
Racine, fait briller sa profonde sagesse.
Le merite en repos s'endort dans la parresse;
Mais par les envieux un genie excité
Au comble de son art est mille fois monté.
Plus on veut l'affoiblir, plus il croist et s'élance.
Au *Cid* persecuté *Cinna* doit sa naissance,
Et peut-estre ta plume aux censeurs de Pyrrhus
Doit les plus nobles traits dont tu peignis Burrhus.
Moy-mesme, dont la gloire ici moins répanduë
Des pasles envieux ne blesse point la vûë,
Mais qu'un humeur trop libre, un esprit peu soûmis,
De bonne heure a pourvû d'utiles ennemis,
Je dois plus à leur haine, il faut que je l'avouë,
Qu'au foible et vain talent dont la France me louë.
Leur venin, qui sur moy brûle de s'épancher,
Tous les jours en marchant m'empesche de broncher.
Je songe, à chaque trait que ma plume hazarde,
Que d'un œil dangereux leur troupe me regarde.
Je sçais sur leurs avis corriger mes erreurs,

Et je mets à proffit leurs malignes fureurs.
Si-tost que sur un vice ils pensent me confondre,
C'est en m'en guérissant que je sçais leur répondre;
Et plus en criminel ils pensent m'ériger,
Plus, croissant en vertu, je songe à me vanger.
Imite mon exemple; et lors qu'une cabale,
Un flot de vains auteurs follement te ravale,
Proffite de leur haine et de leur mauvais sens;
Ris du bruit passager de leurs cris impuissans.
Que peut contre tes vers une ignorance vaine?
Le Parnasse françois, annobli par ta veine,
Contre tous ces complots sçaura te maintenir,
Et soulever pour toy l'équitable avenir.
Et qui, voyant un jour la douleur vertueuse
De Phédre, malgré soy perfide, incestueuse,
D'un si noble travail justement étonné,
Ne benira d'abord le siecle fortuné
Qui, rendu plus fameux par tes illustres veilles,
Vit naistre sous ta main ces pompeuses merveilles?

   Cependant laisse ici gronder quelques censeurs
Qu'aigrissent de tes vers les charmantes douceurs.
Et qu'importe à nos vers que Perrin les admire,
Que l'auteur du *Jonas* s'empresse pour les lire,
Qu'ils charment de Senlis le poëte idiot,
Ou le sec traducteur du françois d'Amyot,
Pourvû qu'avec éclat leurs rimes débitées

Soient du peuple, des grands, des provinces, goûtées;
Pourvû qu'ils sçachent plaire au plus puissant des rois;
Qu'à Chantilli Condé les souffre quelquefois;
Qu'Enguien en soit touché, que Colbert et Vivone,
Que la Rochefoucaut, Marsillac et Pompone,
Et mille autres qu'icy je ne puis faire entrer,
A leurs traits délicats se laissent penetrer?
Et plût au Ciel encor, pour couronner l'ouvrage,
Que Montauzier voulust leur donner son suffrage.
C'est à de tels lecteurs que j'offre mes écrits.
Mais pour un tas grossier de frivoles esprits,
Admirateurs zelez de toute œuvre insipide,
Que non loin de la place où Brioché[1] préside,
Sans chercher dans les vers ni cadence ni son,
Il s'en aille admirer le sçavoir de Pradon.

1. Fameux joüeur de marionetes logé proche des Comediens.

EPISTRE VIII

AU ROY

GRAND ROI, cesse de vaincre, ou je cesse d'écrire.
Tu sçais bien que mon stile est né pour la satire;
Mais mon esprit, contraint de la desavoüer,
Sous ton regne étonnant ne veut plus que loüer.
Tantost, dans les ardeurs de ce zele incommode,
Je songe à mesurer les syllabes d'une ode;
Tantost, d'une Eneïde auteur ambitieux,
Je m'en forme déja le plan audacieux.
Ainsi, toûjours flatté d'une douce manie,
Je sens de jour en jour déperir mon genie,
Et mes vers, en ce stile ennuyeux, sans appas,
Deshonnorent ma plume et ne t'honnorent pas.
  Encor si ta valeur, à tout vaincre obstinée,

Nous laissoit pour le moins respirer une année,
Peut-estre mon esprit, prompt à ressusciter,
Du temps qu'il a perdu sçauroit se r'aquitter.
Le Parnasse françois, non exemt de tous crimes,
Offre encore à mes vers des sujets et des rimes.
Mais à peine Dinan et Limbourg sont forcez
Qu'il faut chanter Bouchain et Condé terrassez
Ton courage, affammé de peril et de gloire,
Court d'exploits en exploits, de victoire en victoire.
Souvent ce qu'un seul jour te voit executer
Nous laisse pour un an d'actions à conter.
 Que si quelquefois, las de forcer des murailles,
Le soin de tes sujets te rappelle à Versailles,
Tu viens m'embarrasser de mille autres vertus;
Te voyant de plus prés, je t'admire encor plus.
Dans les nobles douceurs d'un sejour plein de charmes
Tu n'es pas moins heros qu'au milieu des alarmes.
De ton thrône agrandi portant seul tout le faix,
Tu cultives les arts, tu répans les bienfaits,
Tu sçais recompenser jusqu'aux muses critiques.
Ah! croy moy, c'en est trop. Nous autres satiriques,
Propres à relever les sottises du temps,
Nous sommes un peu nés pour estre mécontens.
Nostre muse, souvent parresseuse et sterile,
A besoin pour marcher de colere et de bile.
Nostre stile languit dans un remerciment;

Mais, Grand Roi, nous sçavons nous plaindre élegamment.
 O ! que si je vivois sous les regnes sinistres
De ces rois nés valets de leurs propres ministres,
Et qui, jamais en main ne prenant le timon,
Aux exploits de leurs temps ne prestoient que leur nom,
Que, sans les fatiguer d'une loüange vaine,
Aisément les bons mots couleroient de ma veine !
Mais toûjours sous ton regne il faut se récrier.
Toûjours, les yeux au ciel, il faut remercier.
Sans cesse à t'admirer ma critique forcée
N'a plus en écrivant de maligne pensée ;
Et mes chagrins, sans fiel et presque évanouïs,
Font grace à tout le siecle en faveur de Louis.
En tous lieux cependant la *Pharsale*[1] approuvée
Sans crainte de mes vers va la teste levée.
La licence par tout regne dans les écrits.
Déja le mauvais sens, reprenant ses esprits,
Songe à nous redonner des poëmes epiques,
S'empare des discours mesmes academiques.
Perrin a de ses vers obtenu le pardon ;
Et la scene françoise est en proye à Pradon.
Et moy, sur ce sujet loin d'exercer ma plume,
J'ammasse de tes faits le penible volume,
Et ma muse, occupée à cet unique employ,

---

1. La *Pharsale* de Brebœuf.

Ne regarde, n'entend, ne connoist plus que toy.
 Tu le sçais bien pourtant, cette ardeur empressée
N'est point en moy l'effet d'une ame interessée.
Avant que tes bienfaits courussent me chercher,
Mon zele impatient ne se pouvoit cacher.
Je n'admirois que toy. Le plaisir de le dire
Vint m'apprendre à loüer au sein de la satire;
Et, depuis que tes dons sont venus m'accabler,
Loin de sentir mes vers avec eux redoubler,
Quelquefois, le diray-je, un remords legitime,
Au fort de mon ardeur, vient refroidir ma rime.
Il me semble, Grand Roy, dans mes nouveaux écrits,
Que mon encens payé n'est plus du mesme prix.
J'ay peur que l'univers, qui sçait ma récompence,
N'impute mes transports à ma reconnoissance,
Et que par tes présens mon vers decredité
N'ayt moins de poids pour toy dans la posterité.
 Toutefois je sçay vaincre un remords qui te blesse.
Si tout ce qui reçoit des fruits de ta largesse
A peindre tes exploits ne doit point s'engager,
Qui d'un si juste soin se pourra donc charger?
Ah! plûtost de nos sons redoublons l'harmonie.
Le zele à mon esprit tiendra lieu de genie.
Horace, tant de fois dans mes vers imité,
De vapeurs en son temps, comme moy tourmenté,
Pour amortir le feu de sa ratte indocile,

Dans l'encre quelquefois sceut égayer sa bile.
Mais de la mesme main qui peignit Tullius¹,
Qui d'affronts immortels couvrit Tigellius²,
Il sceut fléchir Glycere, il sceut vanter Auguste,
Et marquer sur la lyre une cadence juste.
Suivons les pas fameux d'un si noble ecrivain.
A ces mots, quelquefois prenant la lyre en main,
Au recit que pour toy je suis prest d'entreprendre,
Je croy voir les rochers accourir pour m'entendre,
Et déja mon vers coule à flots précipitez,
Quand j'entens le lecteur qui me crie : « Arrestez.
Horace eut cent talens ; mais la nature avare
Ne vous a rien donné qu'un peu d'humeur bizarre,
Vous passez en audace et Perse et Juvenal ;
Mais sur le ton flatteur Pinchesne est vostre égal. »
A ce discours, GRAND ROY, que pourrois-je répondre ?
Je me sens sur ce point trop facile à confondre,
Et, sans trop relever des reproches si vrais,
Je m'arreste à l'instant, j'admire, et je me tais.

1. Senateur romain.
2. Fameux musicien le plus estimé de son temps et fort cheri d'Auguste.

EPISTRE IX

A MONSIEUR LE MARQUIS DE SEIGNELAY

SECRETAIRE D'ÉTAT

Dangereux ennemi de tout mauvais flatteur,
Seignelay, c'est envain qu'un ridicule auteur,
Prest à porter ton nom de *l'Ebre jusqu'au Gange*,
Croit te prendre aux filets d'une sotte loüange.
Aussi-tost ton esprit, prompt à se revolter,
S'échappe et rompt le piege où l'on veut l'arrester.
Il n'en est pas ainsi de ces esprits frivoles
Que tout flatteur endort au son de ses paroles,
Qui, dans un vain sonnet placez au rang des dieux,
Se plaisent à fouler l'Olympe radieux,
Et, fiers du haut étage où La Serre les loge,
Avalent sans dégoust le plus grossier éloge.
Tu ne te repais point d'encens à si bas prix :

Non que tu sois pourtant de ces rudes esprits
Qui regimbent toûjours, quelque main qui les flate :
Tu souffres la loüange adroite et délicate
Dont la trop forte odeur n'ébranle point les sens.
Mais un auteur novice à répandre l'encens
Souvent à son heros, dans un bizarre ouvrage,
Donne de l'encensoir au travers du visage ;
Va loüer Monterey d'Oudenarde forcé,
Ou vante aux Electeurs Turenne repoussé.
Tout éloge imposteur blesse une ame sincere.
Si, pour faire sa cour à ton illustre pere,
Seignelay, quelque auteur, d'un faux zele emporté,
Au lieu de peindre en lui la noble activité,
La solide vertu, la vaste intelligence,
Le zele pour son Roi, l'ardeur, la vigilance,
La constante équité, l'amour pour les beaux arts,
Lui donnoit les vertus d'Alexandre ou de Mars,
Et, pouvant justement l'égaler à Mecene,
Le comparoit au fils de Pelée ou d'Alcmene,
Ses yeux, d'un tel discours foiblement éblouïs,
Bien-tost dans ce tableau reconnoistroient Louis ;
Et, glaçant d'un regard la Muse et le poëte,
Imposeroient silence à sa verve indiscrete.
Un cœur noble est content de ce qu'il trouve en lui,
Et ne s'applaudit point des qualitez d'autrui.
Que me sert en effet qu'un admirateur fade

Vante mon embonpoint, si je me sens malade,
Si dans cet instant mesme un feu seditieux
Fait boüillonner mon sang et petiller mes yeux?
Rien n'est beau que le vrai; le vrai seul est aimable;
Il doit regner par tout, et mesme dans la fable :
De toute fiction l'adroite fausseté
Ne tend qu'à faire aux yeux briller la verité.

 Sçais-tu pourquoy mes vers sont lûs dans les provinces,
Sont recherchez du peuple et receus chez les princes?
Ce n'est pas que leurs sons agreables, nombreux,
Soient toûjours à l'oreille également heureux;
Qu'en plus d'un lieu le sens n'y gesne la mesure,
Et qu'un mot quelquefois n'y brave la césure;
Mais c'est qu'en eux le vrai, du mensonge vainqueur,
Par tout se montre aux yeux et va saisir le cœur,
Que le bien et le mal y sont prisez au juste,
Que jamais un faquin n'y tinst un rang auguste,
Et que mon cœur, toûjours conduisant mon esprit,
Ne dit rien aux lecteurs qu'à soy-mesme il n'ayt dit.
Ma pensée au grand jour par tout s'offre et s'expose,
Et mon vers, bien ou mal, dit toûjours quelque chose.
C'est par là quelquefois que ma rime surprend.
C'est là ce que n'ont point *Jonas* ni *Childebrand,*
Ni tous ces vains amas de frivoles sornettes,
Montre, Miroir d'Amours, Amitiez, Amourettes,
Dont le titre souvent est l'unique soûtien,

Et qui, parlant beaucoup, ne disent jamais rien.
 Mais peut-estre, enyvré des vapeurs de ma muse,
Moy-mesme en ma faveur, Seignelay, je m'abuse.
Cessons de nous flatter. Il n'est esprit si droit
Qui ne soit imposteur et faux par quelque endroit.
Sans cesse on prend le masque, et, quittant la nature,
On craint de se montrer sous sa propre figure.
Par là le plus sincere assez souvent déplaît.
Rarement un esprit ose estre ce qu'il est.
Vois-tu cet importun que tout le monde évite,
Cet homme à toûjours fuir qui jamais ne vous quitte,
Il n'est pas sans esprit; mais, né triste et pezant,
Il veut estre folâtre, évaporé, plaisant;
Il s'est fait de sa joye une loy necessaire,
Et ne déplaist enfin que pour vouloir trop plaire.
La simplicité plaist sans étude et sans art.
Tout charme en un enfant, dont la langue sans fard,
A peine du filet encor débarrassée,
Sçait d'un air innocent bégayer sa pensée.
Le faux est toûjours fade, ennuieux, languissant;
Mais la nature est vraye, et d'abord on la sent.
C'est elle seule en tout qu'on admire et qu'on aime.
Un esprit né chagrin plaist par son chagrin mesme.
Chacun pris dans son air est agreable en soy;
Ce n'est que l'air d'autrui qui peut déplaire en moy.
 Ce marquis estoit né doux, commode, agreable;

On vantoit en tous lieux son ignorance aimable;
Mais, depuis quelques mois devenu grand docteur,
Il a pris un faux air, une sotte hauteur.
Il ne veut plus parler que de rime et de prose.
Des auteurs décriez il prend en main la cause.
Il rit du mauvais goust de tant d'hommes divers,
Et va voir l'opera seulement pour les vers.
Voulant se redresser, soy-mesme on s'estropie,
Et d'un original on fait une copie.
L'ignorance vaut mieux qu'un sçavoir affecté.
Rien n'est beau, je reviens, que par la verité.
C'est par elle qu'on plaist, et qu'on peut long-temps plaire.
L'esprit lasse aisément, si le cœur n'est sincere.
Envain, par sa grimace, un bouffon odieux
A table nous fait rire et divertit nos yeux :
Ses bons mots ont besoin de farine et de plâtre;
Prenez-le teste à teste, ostez-lui son theâtre,
Ce n'est plus qu'un cœur bas, un coquin tenebreux;
Son visage essuyé n'a plus rien que d'affreux.
J'aime un esprit aisé qui se montre, qui s'ouvre,
Et qui plaist d'autant plus que plus il se découvre.
Mais la seule vertu peut souffrir la clarté;
Le vice, toûjours sombre, aime l'obscurité.
Pour paroistre au grand jour, il faut qu'il se déguise :
C'est lui qui de nos mœurs a banni la franchise

    Jadis l'homme vivoit au travail occupé,

Et, ne trompant jamais, n'estoit jamais trompé.
On ne connoissoit point la ruse et l'imposture.
Le Normand mesme alors ignoroit le parjure.
Aucun rheteur encore, arrangeant le discours,
N'avoit d'un art menteur enseigné les détours.
Mais, si-tost qu'aux humains, faciles à séduire,
L'abondance eut donné le loisir de se nuire,
La mollesse amena la fausse vanité;
Chacun chercha pour plaire un visage emprunté.
Pour éblouïr les yeux, la fortune arrogante
Affecta d'étaler une pompe insolente.
L'or éclata par tout sur les riches habits.
On polit l'émeraude, on tailla le rubis;
Et la laine et la soye, en cent façons nouvelles,
Apprirent à quitter leurs couleurs naturelles.
La trop courte beauté monta sur des patins,
La coquette tendit ses laqs tous les matins,
Et, mettant la céruse et le plâtre en usage,
Composa de sa main les fleurs de son visage.
L'ardeur de s'enrichir chassa la bonne foy.
Le courtizan n'eut plus de sentimens à soy.
Tout ne fut plus que fard, qu'erreur, que tromperie.
On vid par tout regner la basse flatterie.
Le Parnasse sur tout, fecond en imposteurs,
Diffamma le papier par ses propos menteurs.
De là vint cet amas d'ouvrages mercenaires,

Stances, odes, sonnets, epistres liminaires,
Où toûjours le heros passe pour sans pareil,
Et, fust-il louche et borgne, est reputé soleil.
   Ne crois pas toutefois, sur ce discours bizarre,
Que, d'un frivole encens malignement avare,
J'en veüille sans raison frustrer tout l'univers,
La loüange agreable est l'ame des beaux vers.
Mais je tiens, comme toy, qu'il faut qu'elle soit vraye,
Et que son tour adroit n'ait rien qui nous effraye.
Alors, comme j'ay dit, tu la sçais écouter,
Et sans crainte à tes yeux on pourroit t'exalter.
Mais, sans t'aller chercher des vertus dans les nuës,
Il faudroit peindre en toy des veritez connuës;
Décrire ton esprit, ami de la raison,
Ton ardeur pour ton Roy puisée en ta maison,
A servir ses desseins ta vigilance heureuse,
Ta probité sincere, utile, officieuse.
Tel qui hait à se voir peint en de faux portraits
Sans chagrin void tracer ses veritables traits.
Condé mesme, Condé, ce heros formidable,
Et non moins qu'aux Flamans aux flatteurs redoutable,
Ne s'offenseroit pas si quelque adroit pinceau
Traçoit de ses exploits le fidele tableau;
Et, dans Seneffe en feu contemplant sa peinture,
Ne desavoûroit pas Malherbe ni Voiture.
Mais malheur au poëte insipide, odieux,

Qui viendroit le glacer d'un éloge ennuyeux.
Il auroit beau crier : *Premier prince du monde*[1],
Courage sans pareil, lumiere sans seconde,
Ses vers, jettez d'abord sans tourner le feüillet,
Iroient dans l'antichambre amuser Pacolet[2].

1. Commencement du poëme de *Charlemagne*.
2. Fameux valet de pié de monseigneur le prince.

EPISTRES NOUVELLES

PREFACE

JE ne sçay si les trois nouvelles epistres que je donne ici au public auront beaucoup d'approbateurs; mais je sçay bien que mes censeurs y trouveront abondamment dequoy exercer leur critique. Car tout y est extrêmement hazardé. Dans le premier de ces trois ouvrages, sous prétexte de faire le procez à mes derniers vers, je fais moi-mesme mon éloge, et n'oublie rien de ce qui peut estre dit à mon avantage. Dans le second, je m'entretiens avec mon jardinier de choses tres-basses et tres-petites; et dans le troisiéme je decide hautement du plus grand et du plus important point de la religion : je veux dire de l'amour de Dieu. J'ouvre donc un beau champ à ces censeurs pour attaquer en moi et le poëte orgueilleux, et le villageois *grossier, et le theologien temeraire. Quelque fortes pourtant que soient leurs attaques, je doute qu'elles ébranlent la ferme resolution que j'ay prise, il y a long-temps, de ne rien respondre, au moins sur le ton serieux, à tout ce qu'ils écriront contre moi.*

A quoy bon en effet perdre inutilement du papier? Si mes epistres sont mauvaises, tout ce que je diray ne les fera pas trouver bonnes; et si elles sont bonnes, tout ce qu'ils diront ne les fera pas trouver mauvaises. Le public n'est pas un juge qu'on puisse corrompre, ni qui se regle par les passions d'autruy. Tout ce bruit, tous ces escrits qui se font ordinairement contre des ouvrages où l'on court, ne servent qu'à y faire encore plus courir, et à en mieux marquer le merite. Il est de l'essence d'un bon livre d'avoir des censeurs; et la plus grande disgrace qui puisse arriver à un escrit qu'on met au jour, ce n'est pas que beaucoup de gens en disent du mal, c'est que personne n'en dise rien.

Je me garderai donc bien de trouver mauvais qu'on attaque mes trois epistres. Ce qu'il y a de certain, c'est que je les ay fort travaillées, et principalement celle de l'amour de Dieu, que j'ai retouchée plus d'une fois, et où j'avouë que j'ai emploié tout le peu que je puis avoir d'esprit et de lumieres. J'avois dessein d'abord de la donner toute seule, les deux autres me paroissant trop frivoles pour estre presentées au grand jour de l'impression avec un ouvrage si serieux. Mais des amis tres-sensés m'ont fait comprendre que ces deux epistres, quoique dans le stile enjoüé, estoient pourtant des epistres morales où il n'estoit rien enseigné que de vertueux; qu'ainsi, estant liées avec l'autre, bien loin de lui nuire, elles pourroient mesme faire une diversité agreable; et que d'ailleurs, beaucoup d'honnestes gens souhaitant de les avoir toutes trois ensemble, je ne pouvois pas avec bienséance me dispenser de leur donner une si legere satisfaction. Je me suis rendu à ce sentiment, et on les trouvera rassemblées ici dans un mesme cahier. Cependant, comme il y a des gens de pieté qui peut-estre ne se soucieront guere de lire les entretiens que je puis avoir avec mon jardinier et avec mes vers, il est bon de les avertir qu'il y a ordre de leur distribuer à part la derniere, c'est à sçavoir celle qui traite de l'amour de Dieu; et que non seulement je ne trouveray pas étrange qu'ils ne lisent que celle-là; mais que je me sens quelquefois moy-mesme en des dispositions d'esprit où je voudrois de bon cœur n'avoir de ma vie composé que ce seul ouvrage, qui vrai-semblablement sera la derniere piece de poësie qu'on aura de moi, mon genie pour les vers commençant à s'épuiser, et mes emplois historiques ne me laissant guere le temps de m'appliquer à chercher et à ramasser des rimes.

Voila ce que j'avois à dire aux lecteurs. Avant neanmoins que de finir cette preface, il ne sera pas hors de propos, ce me semble, de r'asseurer des personnes timides qui, n'ayant pas une fort grande idée de ma capacité en matiere de theologie, douteront peut-estre que tout ce que j'avance en mon epistre soit fort infaillible, et apprehenderont qu'en voulant les conduire je ne les égare. Afin donc qu'elles marchent seurement, je leur diray, vanité à part, que j'ay leû plusieurs fois cette epistre à un fort grand nombre de docteurs de Sorbonne, de peres de l'Oratoire et de jesuites tres-celebres, qui tous y ont applaudi et en ont trouvé la doctrine tres-saine et tres-pure; que beaucoup de prélats illustres à qui je l'ay recitée en ont jugé comme eux; que monseigneur l'evesque de Meaux, c'est à dire une des plus grandes lumieres qui ayent éclairé l'Eglise dans les derniers siecles, a eu long-temps mon ouvrage entre les mains, et qu'aprés l'avoir leû et releû plusieurs fois, il m'a non seulement donné son approbation, mais a trouvé bon que je publiasse à tout le monde qu'il me la donnoit; enfin que, pour mettre le comble à ma gloire, ce saint archevesque, dans le diocese duquel j'ay le bonheur de me trouver, ce grand prelat, dis-je, aussi éminent en doctrine et en vertus qu'en dignité et en naissance, que le plus grand roy de l'univers, par un choix vi-

siblement inspiré du Ciel, a donné à la ville capitale de son royaume pour asseurer l'innocence et pour détruire l'erreur, monseigneur l'archevesque de Paris, en un mot, a bien daigné aussi examiner soigneusement mon epistre, a eu mesmes la bonté de me donner sur plus d'un endroit des conseils que j'ay suivis, et m'a enfin accordé aussi son approbation avec des éloges dont je suis également ravi et confus.

Au reste, comme il y a des gens qui ont publié que mon epistre n'estoit qu'une vaine déclamation qui n'attaquoit rien de réel ni qu'aucun homme eûst jamais avancé, je veux bien, pour l'interest de la verité, mettre ici la proposition que j'y combats dans la langue et dans les termes qu'on la soûtient en plus d'une école. La voici : Attritio ex gehennæ metu sufficit etiam sine ullâ Dei dilectione, et sine ullo ad Deum offensum respectu, quia talis honesta et supernaturalis est. C'est cette proposition que j'attaque et que je soûtiens fausse, abominable et plus contraire à la vraie religion que le lutheranisme ni le calvinisme. Cependant je ne croy pas qu'on puisse nier qu'on ne l'ayt encore soûtenuë depuis peu, et qu'on ne l'ayt mesme inserée dans quelques catechismes en des mots fort approchans des termes latins que je viens de rapporter.

EPISTRE X

A MES VERS

J'ay beau vous arrester, ma remontrance est vaine;
Allés, partés, mes vers, dernier fruit de ma veine;
C'est trop languir chés moi dans un obscur sejour.
La prison vous déplaist, vous cherchés le grand jour,
Et déja chés Barbin, ambitieux libelles,
Vous brûlez d'étaler vos feüilles criminelles.
Vains et foibles enfans dans ma vieillesse nés,
Vous croyés, sur les pas de vos heureux aisnés,
Voir bien-tost vos bons mots, passant du peuple aux princes,
Charmer également la ville et les provinces,
Et, par le promt effet d'un sel réjoüissant,
Devenir quelquefois proverbes en naissant.
Mais perdés cette erreur dont l'appas vous amorce.
Le temps n'est plus, mes vers, où ma muse, en sa force,

Du Parnasse françois formant les nouriçons,
De si riches couleurs habilloit ses leçons;
Quand mon esprit, poussé d'un courroux legitime,
Vint devant la raison plaider contre la rime,
A tout le genre humain sceût faire le procez,
Et s'attaqua soy-mesme avec tant de succez.
Alors il n'estoit point de lecteur si sauvage
Qui ne se déridast en lisant mon ouvrage,
Et qui, pour s'égayer, souvent dans ses discours,
D'un mot pris en mes vers n'empruntast le secours.
 Mais aujourd'hui qu'enfin la vieillesse venuë,
Sous mes faux cheveux blonds déja toute chenuë,
A jetté sur ma teste, avec ses doigts pezans,
Onze lustres complets surchargés de trois ans,
Cessés de présumer, dans vos folles pensées,
Mes vers, de voir en foule à vos rimes glacées
Courir, l'argent en main, les lecteurs empressés.
Nos beaux jours sont finis, nos honneurs sont passés.
Dans peu vous allés voir vos froides resveries
Du public exciter les justes moqueries,
Et leur auteur, jadis à Regnier preferé,
A Pynchesne, à Liniere, à Perrin comparé.
Vous aurés beau crier : *O vieillesse ennemie!*
N'a-t-il donc tant vescu que pour cette infamie[1]*?*

---

[1]. Vers du *Cid.*

Vous n'entendrez par tout qu'injurieux brocards
Et sur vous et sur lui fondre de toutes parts.
  « Que veut-il? dira-t-on; quelle fougue indiscrette
Ramene sur les rangs encor ce vain athlete?
Quels pitoyables vers! Quel stile languissant!
Malheureux, laisse en paix ton cheval vieillissant,
De peur que tout à coup, efflanqué, sans haleine,
Il ne laisse en tombant son maistre sur l'arene. »
Ainsi s'expliqueront nos censeurs sourcilleux;
Et bien-tost vous verrés mille auteurs pointilleux,
Piece à piece épluchant vos sons et vos paroles,
Interdire chez vous l'entrée aux hyperboles,
Traiter tout noble mot de terme hazardeux,
Et dans tous vos discours, comme monstres hideux,
Hüer la metaphore et la metonymie
(Grands mots que Pradon croit des termes de chymie),
Vous soûtenir qu'un lict ne peut estre effronté,
Que nommer la luxure est une impureté.
Envain contre ce flot d'aversion publique
Vous tiendrez quelque temps ferme sur la boutique,
Vous irés à la fin, honteusement exclus,
Trouver au magazin *Pyrâme* et *Regulus*[1],
Ou couvrir chés Thierry d'une feüille encor neuve
Les *Meditations* de Buzée et d'Hayneuve,

---

1. Pieces de theâtre de monsieur Pradon.

Puis, en tristes lambeaux semés dans les marchés,
Souffrir tous les affronts au *Jonas*[1] reprochés.

   Mais quoy, de ces discours bravant la vaine attaque,
Déja comme les vers de *Cinna*, d'*Andromaque*,
Vous croyés, à grands pas, chés la posterité,
Courir, marqués au coin de l'immortalité.
Hé bien, contentés donc l'orgueil qui vous enyvre.
Montrés-vous, j'y consens; mais du moins, dans mon livre,
Commencez par vous joindre à mes premiers ecrits.
C'est-là qu'à la faveur de vos freres cheris,
Peut-estre enfin soufferts comme enfans de ma plume,
Vous pourrés vous sauver épars dans le volume;
Que si mesmes un jour le lecteur gracieux,
Amorcé par mon nom, sur vous tourne les yeux;
Pour m'en recompenser, mes vers, avec usure,
De vostre auteur alors faites-lui la peinture;
Et sur tout prenés soin d'effacer bien les traits
Dont tant de peintres faux ont flestri mes portraits.
Déposés hardiment qu'au fond cet homme horrible,
Ce censeur qu'ils ont peint si noir et si terrible,
Fut un esprit doux, simple, ami de l'équité,
Qui, cherchant dans ses vers la seule verité,
Fit sans estre malin ses plus grandes malices,
Et qu'enfin sa candeur seule a fait tous ses vices.

---

1. Poëme heroïque non vendu.

Dites que, harcelé par les plus vils rimeurs,
Jamais, blessant leurs vers, il n'effleura leurs mœurs :
Libre dans ses discours, mais pourtant toûjours sage,
Assés foible de corps, assés doux de visage,
Ni petit, ni trop grand, tres-peu voluptueux,
Ami de la vertu plûtost que vertueux.
 Que si quelqu'un, mes vers, alors vous importune
Pour sçavoir més parens, ma vie et ma fortune,
Contés lui qu'allié d'assés hauts magistrats,
Fils d'un pere greffier, né d'ayeux avocats,
Dés le berceau perdant une fort jeune mere,
Reduit seize ans aprés à pleurer mon vieux pere,
J'allay d'un pas hardi, par moi-mesme guidé,
Et de mon seul genie en marchant secondé,
Studieux amateur et de Perse et d'Horace,
Assés prés de Regnier m'asseoir sur le Parnasse;
Que, par un coup du sort au grand jour amené,
Et des bords du Permesse à la cour entraisné,
Je sceûs, prenant l'essor par des routes nouvelles,
Eslever assés haut mes poëtiques aîles;
Que ce Roy dont le nom fait trembler tant de rois
Voulut bien que ma main crayonnast ses exploits;
Que plus d'un grand m'aima jusques à la tendresse;
Que ma veuë à Colbert inspiroit l'allegresse;
Qu'aujourd'hui mesme encor, de deux sens affoibli,
Retiré de la cour, et non mis en oubli,

Plus d'un heros, épris des fruits de mon estude,
Vient quelquefois chés moi gouster la solitude.
  Mais des heureux regards de mon astre estonnant
Marqués bien cet effet encor plûs surprenant,
  Qui dans mon souvenir aura toûjours sa place,
Que de tant d'escrivains de l'école d'Ignace
Estant, comme je suis, ami si declaré,
Ce docteur toutefois si craint, si reveré,
  Qui contre eux de sa plume épuisa l'énergie,
Arnauld, le grand Arnauld fit mon apologie [1].
Sur mon tombeau futur, mes vers, pour l'énoncer,
Courés en lettres d'or de ce pas vous placer.
Allés jusqu'où l'Aurore en naissant void l'Hydaspe
Chercher, pour l'y graver, le plus précieux jaspe.
Sur tout à mes rivaux sçachés bien l'étaler.
  Mais je vous retiens trop. C'est assés vous parler.
Déja, plein du beau feu qui pour vous le transporte,
Barbin, impatient, chés moi frappe à la porte :
Il vient pour vous chercher. C'est lui, j'entens sa voix.
Adieu, mes vers, adieu pour la derniere fois.

1. Monsieur Arnauld a fait une dissertation où il me justifie contre mes censeurs, et c'est son dernier ouvrage.

EPISTRE XI

A MON JARDINIER

LABORIEUX valet du plus commode maistre
Qui pour te rendre heureux ici bas pouvoit naistre,
Antoine, gouverneur de mon jardin d'Auteuil,
Qui diriges chés moi l'if et le chevrefeuil,
Et sur mes espaliers, industrieux genie,
Sçais si bien exercer l'art de la Quintinie,
O! que de mon esprit triste et mal ordonné,
Ainsi que de ce champ par toi si bien orné,
Ne puis-je faire oster les ronces, les épines,
Et des defaux sans nombre arracher les racines?
Mais parle; raisonnons. Quand, du matin au soir,
Chés moi poussant la bêche ou portant l'arrosoir,
Tu fais d'un sable aride une terre fertile,
Et rens tout mon jardin à tes loix si docile,

Que dis-tu de m'y voir resveur, capricieux,
Tantost baissant le front, tantost levant les yeux,
De paroles dans l'air par élans envolées,
Effrayer les oyseaux perchés dans mes allées?
Ne soupçonnes-tu point qu'agité du démon,
Ainsi que ce cousin[1] des quatre fils Aymon,
Dont tu lis quelquefois la merveilleuse histoire,
Je rumine en marchant quelque endroit du grimoire?
Mais non; tu te souviens qu'au village on t'a dit
Que ton maistre est nommé pour coucher par écrit
Les faits d'un Roy plus grand en sagesse, en vaillance,
Que Charlemagne aidé des douze pairs de France.
Tu crois qu'il y travaille, et qu'au long de ce mur
Peut estre en ce moment il prend Mons et Namur.

 Que penserois-tu donc si l'on t'alloit apprendre
Que ce grand chroniqueur des gestes d'Alexandre,
Aujourd'hui méditant un projet tout nouveau,
S'agite, se demene et s'uze le cerveau
Pour te faire à toi-mesme, en rimes insensées,
Un bizarre portrait de ses folles pensées?
« Mon maistre, dirois-tu, passe pour un docteur,
Et parle quelquefois mieux qu'un predicateur.
Sous ces arbres pourtant de si vaines sornettes
Il n'iroit point troubler la paix de ces fauvettes

---

1. Maugis.

S'il lui falloit toûjours, comme moi, s'exercer,
Labourer, couper, tondre, applanir, palisser,
Et dans l'eau de ces puits sans relasche tirée
De ce sâble estancher la soif demesurée. »
　　Antoine, de nous deux tu crois donc, je le voy,
Que le plus occupé dans ce jardin, c'est toy.
O! que tu changerois d'avis et de langage
Si deux jours seulement, libre du jardinage,
Tout à coup devenu poëte et bel esprit,
Tu t'allois engager à polir un écrit
Qui dist sans s'avilir les plus petites choses,
Fist des plus secs chardons des œuillets et des roses,
Et sceûst mesme au discours de la rusticité
Donner de l'elegance et de la dignité;
Un ouvrage en un mot qui, juste en tous ses termes,
Sceûst plaire à d'Aguesseau[1], sceûst satisfaire Térmes,
Sceûst, dis-je, contenter, en paroissant au jour,
Ce qu'ont d'esprits plus fins et la Ville et la Cour!
Bientost, de ce travail revenu sec et pasle,
Et le teint plus jauni que de vingt ans de hasle,
Tu dirois, reprenant ta pelle et ton rateau :
« J'aime mieux mettre encor cent arpens au niveau,
Que d'aller follement, égaré dans les nuës,
Me lasser à chercher des visions cornuës,

1. Avocat general.

Et, pour lier des mots si mal s'entr'accordans,
Prendre dans ce jardin la lune avec les dents. »
 Approche donc, et vien, qu'un parresseux t'apprenne,
Antoine, ce que c'est que fatigue et que peine.
L'homme ici bas, toûjours inquiet et gesné,
Est dans le repos mesme au travail condamné.
La fatigue l'y suit. C'est envain qu'aux poëtes
Les Neuf trompeuses Sœurs, dans leurs douces retraites,
Promettent du repos sous leurs ombrages frais,
Dans ces tranquilles bois pour eux plantés exprès ;
La cadence aussi-tost, la rime, la césure,
La riche expression, la nombreuse mesure,
Sorcieres dont l'amour sçait d'abord les charmer,
De fatigues sans fin viennent les consumer.
Sans cesse poursuivant ces fugitives fées,
On void sous les lauriers haleter les Orphées.
Leur esprit toutefois se plaist dans son tourment,
Et se fait de sa peine un noble amusement.
Mais je ne trouve point de fatigue si rude
Que l'ennuyeux loisir d'un mortel sans estude
Qui, jamais ne sortant de sa stupidité,
Soûtient dans les langueurs de son oysiveté,
D'une lasche indolence esclave volontaire,
Le penible fardeau de n'avoir rien à faire.
Vainement, offusqué de ses pensers épais,
Loin du trouble et du bruit il croit trouver la paix.

Dans le calme odieux de sa sombre parresse,
Tous les honteux plaisirs, enfans de la mollesse,
Usurpant sur son ame un absolu pouvoir,
De monstrueux desirs le viennent émouvoir,
Irritent de ses sens la fureur endormie,
Et le font le jouet de leur triste infamie.
Puis, sur leurs pas soudain arrivent les remords,
Et bientost avec eux tous les fleaux du corps,
La pierre, la colique et les goutes cruelles ;
Guenaud, Rainssant, Brayer[1], presque aussi tristes qu'elles,
Chés l'indigne mortel courent tous s'assembler,
De travaux douloureux le viennent accabler ;
Sur le duvet d'un lict, theâtre de ses gesnes,
Lui font scier des rocs, lui font fendre des chesnes,
Et le mettent au point d'envier ton emploi.
Reconnois donc, Antoine, et conclus avec moi
Que la pauvreté masle, active et vigilante
Est, parmi les travaux, moins lasse et plus contente
Que la richesse oisive au sein des voluptés.
   Je te vais sur cela prouver deux verités :
L'une, que le travail, aux hommes necessaire,
Fait leur felicité plûtost que leur misere ;
Et l'autre, qu'il n'est point de coupable en repos.
C'est ce qu'il faut ici montrer en peu de mots.

1. Fameux medecins.

Suy moy donc. Mais je voy, sur ce début de prône,
Que ta bouche déja s'ouvre large d'une aune,
Et que, les yeux fermés, tu baisses le menton.
Ma foy, le plus seûr est de finir ce sermon.
Aussi bien j'apperçoy ces melons qui t'attendent,
Et ces fleurs qui là bas entre elles se demandent
S'il est feste au village, et pour quel saint nouveau
On les laisse aujourd'hui si longtemps manquer d'eau.

EPISTRE XII

SUR L'AMOUR DE DIEU

A MONSIEUR L'ABBÉ RENAUDOT

Docte abbé, tu dis vrai, l'homme au crime attaché
Envain sans aimer Dieu croit sortir du peché.
Toutefois, n'en déplaise aux transports frenetiques
Du fougueux moine[1] auteur des troubles germaniques,
Des tourmens de l'enfer la salutaire peur
N'est pas toûjours l'effet d'une noire vapeur
Qui, de remords sans fruict agitant le coupable,
Aux yeux de Dieu le rende encor plus haïssable.
Cette utile frayeur, propre à nous penetrer,
Vient souvent de la grace, en nous preste d'entrer,
Qui veut dans nostre cœur se rendre la plus forte,
Et, pour se faire ouvrir, deja frappe à la porte.
  Si le pécheur, poussé de ce sainct mouvement,

1. Luther.

Reconnoissant son crime, aspire au sacrement,
Souvent Dieu tout à coup d'un vrai zele l'enflâme,
Le Saint Esprit revient habiter dans son ame,
Y convertit enfin les tenebres en jour,
Et la crainte servile en filial amour.
C'est ainsi que souvent la sagesse suprême,
Pour chasser le démon, se sert du démon mesme.
 Mais lors qu'en sa malice un pécheur obstiné,
Des horreurs de l'enfer vainement estonné,
Loin d'aimer, humble fils, son veritable pere,
Craint et regarde Dieu comme un tyran severe,
Au bien qu'il nous promet ne trouve aucun appas,
Et souhaite en son cœur que ce Dieu ne soit pas,
Envain, la peur sur luy remportant la victoire,
Aux piés d'un prestre il court décharger sa memoire :
Vil esclave toûjours sous le joug du peché,
Au démon qu'il redoute il demeure attaché.
L'amour essentiel à nostre penitence
Doit estre l'heureux fruict de nostre repentance.
Non ; quoi que l'ignorance enseigne sur ce poinct,
Dieu ne fait jamais grace à qui ne l'aime point.
A le chercher la peur nous dispose et nous aide ;
Mais il ne vient jamais que l'amour ne succede.
Cessés de m'opposer vos discours imposteurs,
Confesseurs insensés, ignorans seducteurs,
Qui, pleins des vains propos que l'erreur vous debite

Vous figurés qu'en vous un pouvoir sans limite
Justifie à coup seûr tout pecheur alarmé,
Et que sans aimer Dieu l'on peut en estre aimé.
    Quoy donc, cher Renaudot, un chrestien effroyable
Qui jamais, servant Dieu, n'eut d'objet que le diable,
Poura, marchant toûjours dans des sentiers maudits,
Par des formalités gagner le paradis,
Et parmi les élus, dans la gloire éternelle,
Pour quelques sacremens reçus sans aucun zele,
Dieu fera voir aux yeux des saints épouvantés
Son ennemi mortel assis à ses costés?
Peut-on se figurer de si folles chimeres?
On void pourtant, on void des docteurs mesme austeres
Qui, les semant par tout, s'en vont pieusement
De toute pieté sapper le fondement;
Qui, le cœur infecté d'erreurs si criminelles,
Se disent hautement les purs, les vrais fideles,
Traitant d'abord d'impie et d'heretique affreux
Quiconque ose pour Dieu se déclarer contre eux.
De leur audace envain les vrais chrestiens gemissent;
Prests à la repousser, les plus hardis mollissent,
Et, voyant contre Dieu le diable accredité,
N'osent qu'en bégayant prescher la verité.
Mollirons-nous aussi? Non; sans peur, sur ta trace,
Docte abbé, de ce pas j'irai leur dire en face :
« Ouvrés les yeux enfin, aveugles dangereux.

Oüi, je vous le soûtiens : il seroit moins affreux
De ne point reconnoistre un Dieu maistre du monde,
Et qui regle à son gré le ciel, la terre et l'onde,
Qu'en avoüant qu'il est, et qu'il sceut tout former.
D'oser dire qu'on peut lui plaire sans l'aimer.
Un si bas, si honteux, si faux christianisme
Ne vaut pas des Platons l'éclairé paganisme ;
Et cherir les vrais biens sans en sçavoir l'auteur
Vaut mieux que sans l'aimer connoistre un createur.
Expliquons-nous pourtant. Par cette ardeur si sainte
Que je veux qu'en un cœur amene enfin la crainte,
Je n'entens pas ici ce doux saisissement,
Ces transports pleins de joye et de ravissement
Qui font des bienheureux la juste recompense,
Et qu'un cœur rarement gouste ici par avance.
Dans nous, l'amour de Dieu, fécond en saints desirs,
N'y produit pas toûjours de sensibles plaisirs.
Souvent le cœur qui l'a ne le sçait pas lui-mesme.
Tel craint de n'aimer pas qui sincerement aime,
Et tel croit au contraire estre brûlant d'ardeur
Qui n'eut jamais pour Dieu que glace et que froideur.
C'est ainsi quelquefois qu'un indolent mystique,
Au milieu des pechés tranquille fanatique,
Du plus parfait amour pense avoir l'heureux don,
Et croit posseder Dieu dans les bras du démon.

 Voulez-vous donc sçavoir si la foy dans vostre ame

Allume les ardeurs d'une sincere flamme,
Consultés-vous vous-mesme. A ses regles soûmis,
Pardonnés-vous sans peine à tous vos ennemis?
Combattés-vous vos sens? domtés-vous vos foiblesses?
Dieu dans le pauvre est-il l'objet de vos largesses?
Enfin dans tous ses points pratiqués-vous sa loy?
Oui, dites-vous. Allés, vous l'aimés, croyés-moy.
Qui fait exactement ce que ma loi commande
A pour moy, dit ce Dieu, *l'amour que je demande.*
Faites-le donc, et, seûr qu'il nous veut sauver tous,
Ne vous alarmés point pour quelques vains dégouts
Qu'en sa ferveur souvent la plus sainte ame éprouve;
Marchés, courés à luy ; qui le cherche le trouve,
Et, plus de vostre cœur il paroist s'écarter,
Plus par vos actions songés à l'arrester.
Mais ne soûtenés point cet horrible blasphème
Qu'un sacrement receû, qu'un prestre, que Dieu même,
Quoi que vos faux docteurs osent vous avancer,
De l'amour qu'on lui doit puissent vous dispenser.

 Mais, s'il faut qu'avant tout dans une ame chrestienne,
Diront ces grands docteurs, l'amour de Dieu survienne,
Puisque ce seul amour suffit pour nous sauver,
Dequoy le sacrement viendra-t-il nous laver?
Sa vertu n'est donc plus qu'une vertu frivole?
O le bel argument, digne de leur école!
Quoy! dans l'amour divin en nos cœurs allumé,

Le vœu du sacrement n'est-il pas renfermé?
Un payen converti qui croit un Dieu suprême
Peut-il estre chrestien qu'il n'aspire au baptême,
Ni le chrestien en pleurs estre vraiment touché
Qu'il ne veüille à l'Eglise avoüer son péché?
Du funeste esclavage où le démon nous traisne
C'est le sacrement seul qui peut rompre la chaisne.
Aussi l'amour d'abord y court avidement;
Mais lui-mesme il en est l'ame et le fondement.
Lors qu'un pécheur, émû d'une humble repentance,
Par les degrés prescrits court à la penitence,
S'il n'y peut parvenir, Dieu sçait les supposer.
Le seul amour manquant ne peut point s'excuser.
C'est par lui que dans nous la grace fructifie,
C'est lui qui nous ranime et qui nous vivifie.
Pour nous rejoindre à Dieu lui seul est le lien;
Et sans lui, foy, vertus, sacremens, tout n'est rien.

 A ces discours pressans que sçauroit-on respondre?
Mais approchés, je veux encor mieux vous confondre,
Docteurs. Dites-moi donc, quand nous sommes absous,
Le Saint Esprit est-il ou n'est-il pas en nous?
S'il est en nous, peut-il, n'estant qu'amour lui-même,
Ne nous échauffer point de son amour suprême?
Et, s'il n'est pas en nous, Sathan, toûjours vainqueur,
Ne demeure-t-il pas maistre de nostre cœur?
Avoüés donc qu'il faut qu'en nous l'amour renaisse,

Et n'allés point, pour fuïr la raison qui vous presse,
Donner le nom d'amour au trouble inanimé
Qu'au cœur d'un criminel la peur seule a formé.
L'ardeur qui justifie, et que Dieu nous envoye,
Quoi qu'ici bas souvent inquiete et sans joye,
Est pourtant cette ardeur, ce mesme feu d'amour
Dont brusle un bienheureux en l'éternel séjour.
Dans le fatal instant qui borne nostre vie,
Il faut que de ce feu nostre ame soit remplie;
Et Dieu, sourd à nos cris, s'il ne l'y trouve pas,
Ne l'y rallume plus aprés nostre trépas.
Rendés-vous donc enfin à ces clairs syllogismes,
Et ne pretendés plus, par vos confus sophismes,
Pouvoir encore, aux yeux du fidele éclairé,
Cacher l'amour de Dieu dans l'école égaré.
Apprenés que la gloire où le Ciel nous appelle
Un jour des vrais enfans doit couronner le zele,
Et non les froids remords d'un esclave craintif,
Où crut voir Abely[1] quelque amour negatif.
    Mais quoy? j'entens déja plus d'un fier scolastique
Qui, me voyant ici, sur ce ton dogmatique,
En vers audacieux traiter ces poincts sacrés,
Curieux, me demande où j'ay pris mes degrés;
Et si, pour m'éclairer sur ces sombres matieres,

1. Miserable deffenseur de la fausse attrition.

Deux cens auteurs extraits m'ont presté leurs lumières.
Non ; mais, pour decider que l'homme, qu'un chrestien
Est obligé d'aimer l'unique Auteur du bien,
Le Dieu qui le nourit, le Dieu qui le fit naistre,
Qui nous vint par sa mort donner un second estre,
Faut-il avoir receu le bonnet doctoral,
Avoir extrait Gamache, Isambert et Du Val?
Dieu, dans son livre saint, sans chercher d'autre ouvrage.
Ne l'a-t-il pas écrit lui-mesme à chaque page?
De vains docteurs encore, ô prodige honteux!
Oseront nous en faire un probléme douteux,
Viendront traiter d'erreur digne de l'anathême
L'indispensable loy d'aimer Dieu pour lui-mesme,
Et, par un dogme faux dans nos jours enfanté,
Des devoirs du chrestien rayer la charité!
  Si j'allois consulter chés eux le moins severe,
Et lui disois : « Un fils doit-il aimer son pere ?.
— Ah! peut-on en douter? » diroit-il brusquement.
Et quand je leur demande en ce mesme moment :
« L'homme, ouvrage d'un Dieu seul bon et seul aimable,
Doit-il aimer ce Dieu, son pere veritable? »
Leur plus rigide auteur n'ose le décider,
Et craint, en l'affirmant, de se trop hazarder.
  Je ne m'en puis deffendre, il faut que je t'escrive
La figure bizarre et pourtant assés vive
Que je sçûs l'autre jour employer dans son lieu,

Et qui déconcerta ces ennemis de Dieu.
Au sujet d'un escrit qu'on nous venoit de lire,
Un d'entre-eux m'insulta sur ce que j'osai dire
Qu'il faut, pour estre absous d'un crime confessé,
Avoir pour Dieu du moins un amour commencé
« Ce dogme, me dit-il, est un pur calvinisme. »
O Ciel! me voilà donc dans l'erreur, dans le schisme,
Et partant reprouvé ! « Mais, poursuivis-je alors,
Quand Dieu viendra juger les vivans et les morts,
Et des humbles agneaux, objet de sa tendresse,
Séparera des boucs la trouppe pecheresse,
A tous il nous dira, severe ou gracieux,
Ce qui nous fit impurs ou justes à ses yeux.
Selon vous donc, à moi reprouvé, bouc infame,
« Va brûler, dira-t-il, en l'éternelle flamme,
« Malheureux qui soûtins que l'homme deût m'aimer,
« Et qui, sur ce sujet trop promt à declamer,
« Pretendis qu'il falloit, pour fleschir ma justice,
« Que le pecheur, touché de l'horreur de son vice,
« De quelque ardeur pour moi sentist les mouvemens,
« Et gardast le premier de mes commandemens »
Dieu, si je vous en croy, me tiendra ce langage.
Mais à vous, tendre agneau, son plus cher heritage,
Orthodoxe ennemi d'un dogme si blasmé,
« Venez, vous, dira-t-il, venez, mon bien-aimé,
« Vous qui, dans les détours de vos raisons subtiles,

« Embarrassant les mots d'un des plus saints conciles,
« Avés délivré l'homme, ô l'utile docteur !
« De l'importun fardeau d'aimer son Createur.
« Entrés au ciel, venés, comblé de mes loüanges,
« Du besoin d'aimer Dieu desabuser les anges. »
A de tels mots, si Dieu pouvoit les prononcer,
Pour moi je respondrois, je croy, sans l'offenser :
« O! que pour vous mon cœur, moins dur et moins farouche,
« Seigneur, n'a-t-il, helas! parlé comme ma bouche? »
Ce seroit ma response à ce Dieu fulminant.
Mais vous, de ses douceurs objet fort surprenant,
Je ne sçai pas comment, ferme en vostre doctrine,
Des ironiques mots de sa bouche divine
Vous pourriés, sans rougeur et sans confusion,
Soûtenir l'amertume et la dérision. »

L'audace du docteur, par ce discours frappée,
Demeura sans réplique à ma prosopopée.
Il sortit tout à coup, et, murmurant tout bas
Quelques termes d'aigreur que je n'entendis pas,
S'en alla chés Binsfeld ou chés Basile Ponce[1],
Sur l'heure à mes raisons chercher une responce.

1. Deux deffenseurs de la fausse attrition.

FIN DES EPISTRES

NOTES ET VARIANTES

NOTES ET VARIANTES

Nota. — *Le premier chiffre de la note est celui de la page, et le second, celui du vers.* — Val. *indique les notes de l'édition Valincourt* (1713), Br., *les notes de Brossette.*

Préface. Page 1, ligne 4. *Agé comme je suis de plus de soixante-trois ans...* Il avait alors plus de soixante-quatre ans.

3. *Ah! voici le poignard...* Ce vers et le suivant se trouvent à la fin du second monologue du cinquième acte.

4. *Dieu lava bien la teste à son image* Rondeau sur le Déluge, page 17 de l'édition de Paris, 1694, in-12.

8, 18-19. *L'une que j'écris à Monsieur Perrault.* Ils s'étaient réconciliés en 1694.

— 21. *M. le Comte d'Ericeyra*, François-Xavier de Menèzes, comte d'Ericeyra. Sa traduction de l'*Art poétique* est restée inédite, mais on trouve de lui des travaux dans les *Mémoires de l'Académie de Lisbonne*, et il a publié *Henriqueida*, poëme épique.

9, 5. *Un de mes amis.* Régnier Desmarais, secrétaire de l'Académie française.

— 13. *Monsieur P**.* Charles Perrault.

— 25-26. *Meas esse aliquid putare nugas.* Catulle à Cornelius Nepos, vers 4.

10, 2-3. *Malgré les bonnes raisons...* Dans le *Discours sur la Satire*, et dans la Satire IX.

— 9-10. *Dans la préface de mes deux éditions précédentes...* Dans la préface des éditions de 1683, 1685 et 1694.

13. Discours au roy, composé en 1665.

— vers 7-8. Variante :

Ce n'est pas que mon cœur, de ta gloire charmé,
Ne soit à tant d'exploits d'un saint zele enflammé.

— 11-12. *Et dans ce haut éclat.* Var. 1666 à 1672 :

*Et ma plume, mal propre à peindre des guerriers,
Craindroit en les touchant de fletrir tes lauriers.*

1674 à 1682 :

*Et, de si hauts exploits mal propre à discourir,
Touchant à tes lauriers, craindroit de les fletrir.*

14, 1-2 Var. :

*Dont la Muse marchant d'un pas lent et timide,
Ne t'offre en ses écrits qu'une loüange aride..*

15, 7-10. Var. :

*Ce n'est pas que ma plume à soi-mesme infidele,
En blasmant leurs écrits veuille blasmer leur zele;
Et parmi tant d'esprits, je veux bien l'avouer,
Il est des Apollon qui te sçavent loüer.*

— 17-20. Var. :

*Et j'approuve les soins de ce prince guerrier
Qui, craignant le pinceau d'un artisan grossier,
Voulut qu'Apelle seul exprimast son visage,
Ou Lysippe en airain fît fondre son image.*

16, 9. Var. :

Qui des fleurs qu'elle pille en compose son miel.

— 22. *N'aille du fond du puits...* Démocrite disoit que la Vérité estoit dans le fond d'un puits, et que personne ne l'en avoit encore pû tirer. *Val.*

17, v. 10. *S'il se mocque de Dieu...* Moliere, environ vers ce temps-là, fit joüer son *Tartuffe.* Val.

— 13. *Un ridicule,* c'est-à-dire un homme ridicule. Cf. Molière, préface des *Précieuses ridicules;* l'*École des femmes,* acte I, scène 1; la *Critique de l'École des femmes,* sc. vi; *Don Juan,* acte I, sc. ii, etc.

18, 12. Var. :

Ma muse, avec ardeur, et t'admire et te louë.

21. SATIRE I, composée en 1660 et publiée en 1666.

— 1. Damon... Il est un peu chimerique. Toutesfois j'ai eu quelque veüe à Cassandre, celui qui a traduit la *Rhétorique* d'Aristote. *Val.* — François Cassandre a laissé en outre les *Parallèles historiques,* Paris, 1680, in-12, et une traduction des derniers volumes de de Thou.

22, 1. Du temps que cette satire fut faite, un débiteur insolvable pouvoit sortir de prison en faisant cession, c'est-à-dire en souffrant qu'on lui mît, en pleine ruë, un bonnet vert sur la teste. *Val.*

— 20-23. Var. :

Qu'*Oronte* vive ici, puisqu'*Oronte* y sçait vivre ;
Puisqu'ici sa fortune, égale à ses souhaits,
Sert d'un indigne prix à ses lasches forfaits.
Que *Jacquier* vive ici,...

Que *George* vive ici... Que *Jaquin* vive ici... George est là un mot inventé qui n'a point de rapport à M. Gorge, qui n'avoit que dix ans quand je fis cette satire, et qui depuis a esté un de mes meilleurs amis.

Jaquin est un nom mis au hasard. On l'a voulu imputer depuis à M. Jaquier, homme celebre dans les finances, mais je n'ai jamais pensé à lui. (BOILEAU, note manuscrite dans les papiers de Brossette.)

— 26. Var. :

A, comme on sçait partout, un calepin complet.

Ambroise de Calepino, religieux Augustin, est l'auteur d'un

dictionnaire célèbre qui a fait, pendant longtemps, donner son nom à bien des dictionnaires.

23, 5-10, Var. :

> Je ne sçai point *placer au-dessus de la lune*
> *Celui dont l'impudence a causé la fortune,*
> *Loüer un mauvais livre avec deguisement,*
> *Le demander à lire avec empressement;*
> *Perdre, prés d'un faquin, une journée entiere.*

— 12. Rolet. Les éditions de 1667 et 1668 portent : « C'est un hôtelier du pays Blaisois », et celle de 1713 : « Procureur tres-décrié qui a esté dans la suite condamné à faire amende honorable et banni à perpetuité. » *Val.*

23, 14. Var. :

> *Je ne sçai ni tromper ni vendre* une maistresse.

— 17-21. Var. :

> Mais pourquoi, dira-t-on, *faire le bon apostre?*
> *Vous n'avés, dans ces lieux, qu'à vivre comme un autre,*
> *Qu'à courtiser quelqu'un dont le cœur genereux*
> *Peut gouster votre esprit, l'aimer, vous rendre heureux.*
> *Car enfin c'est par là qu'un auteur d'importance...*

— 24. L'abbé de la Riviere, dans ce temps-là (1665), fut fait évesque de Langres (l'évêché de Langres était duché-pairie); il avoit esté regent dans un college. *Val.*

24, 11. Colletet, fameux poëte fort gueux dont on a encore plusieurs ouvrages. *Val.* — On a de lui : *Abrégé des annales et antiquités de Paris*, 1664, 2 vol. in-12, *La Muse coquette*, 4 parties in-12; des *Cantiques spirituels*, etc.

— 14. Monmaur, celebre parasite dont Menage a écrit la vie. *Val.*

— 18. Le Roy en ce temps-là donna plusieurs pensions aux gens de lettres. *Val.*

25, 5. Saint-Amand. On a plusieurs ouvrages de lui où il y a beaucoup de genie. Il ne sçavoit pas le latin, et estoit fort pauvre. *Val.*

25, 7. *Placet*, petit siége qui n'a ni bras ni dossier. (LITTRÉ.)

— 12. Saint-Amant. Le poëme qu'il y porta était intitulé : *Le Poëme de la Lune*, et il y louoit le roi sur tout de sçavoir bien nager. *Val.*

— 20. L'Angeli, celebre fou que M. le Prince avoit amené avec lui des Pays-Bas, et qu'il donna au roi. *Val.* — Il gagnoit beaucoup d'argent, et tous les gens de qualité lui donnoient parce qu'ils craignoient ses bons mots. (BOILEAU, note manuscrite.)

— 22-23. Brodeau a commenté Loüet. *Val.* — Barthole, jurisconsulte; Georges Loüet, jurisconsulte, évêque de Tréguier; Julien Brodeau, avocat au parlement de Paris.

26, 5. Uot, ou plutôt Huot, et le Mazier, avocats tres-mediocres. *Br.* — Olivier Patru, avocat célèbre, de l'Académie française.

— 6. Pé-Fournier, celebre procureur : il s'appeloit Pierre Fournier, mais les gens de Palais, pour abreger, l'appelloient Pé-Fournier. *Val.* — C'étoit parce qu'il joignoit à sa signature la premiere lettre de son prenom. *Br.*

— 10. Jean des Marets de Saint-Sorlin, de l'Académie française; Denys Sanguin de Saint-Pavin, abbé de Livri, poëte fameux par son impiété.

— — Var. :
Sainte-Beuve jesuite, et Saint-Pavin bigot.

27, 7-8. Var. :
Mais chacun, en depit de la Divinité,
Croit joüir de son crime avec impunité.

— 11-12. Var. :
Et riant, hors de là, du sentiment commun,
Presche que trois font trois et ne font jamais un.

— 13-14, 16-17. Var. :
Car de penser qu'un jour la celeste puissance
Doit punir le coupable aux yeux de l'innocence.

> *C'est là ce qu'il faut croire, et ce qu'il ne croit pas.*
> Pour moi, *qui suis plus simple et que l'enfer* étonne...

28. Satire II. C'est la quatrième dans l'ordre chronologique. Elle fut composée en 1662, selon le catalogue de l'édition de 1713; en 1663, selon Berriat-Saint-Prix; en 1664, selon Brossette.

29, 4-5. Var. :
> *Si je pense parler d'un galant de notre âge,*
> Ma plume, pour rimer, *rencontrera Ménage.*

— 5. Michel, abbé de Pure, auteur de quelques pièces de théâtre, de quelques traductions et d'une *Vie du maréchal de Gassion*.

— 7. Philippe Quinault, poëte lyrique, de l'Académie française.

— 22. *Je ferois comme un autre...* C'est Ménage. On lit dans l'*Epitre à Chapelain* :
> J'abandonnai Belinde, en miracles feconde,
> Et pour qui je brûlois d'une ardeur sans seconde.

30, 7. François de Malherbe, né à Caen vers 1555, mort en 1628.

— 18-19. Var. :
> Sans ce metier, *helas! si contraire à ma joye,*
> Mes jours *auroient esté filés d'or et de soye.*

31, 11. Pelletier, poëte du dernier ordre qui faisoit tous les jours un sonnet. *Val.* — Il prit le vers de Boileau pour un éloge.

— 12. C'est le fameux Scuderi, auteur de beaucoup de romans, et frere de la fameuse mademoiselle de Scuderi. *Val.* — Il était de l'Académie française.

33. Satire III, composée en 1665. — A. désigne l'auditeur, P. le poëte.

— 4. Le Roy, en ce temps-là (1664), avoit supprimé un quartier des rentes. *Val.*

34, 7. Boucingo, illustre marchand de vin. *Val.*

34, 9. Villandri, homme de qualité qui alloit frequemment dîner chez le commandeur de Souvré. *Val*. — Il combloit de flatteries ceux qui lui donnoient à manger. (Note manuscrite de BOILEAU.)

— 11. Lambert. L'édition de 17:3 répète la note de 1701. — Lulli avait épousé sa fille.

35, 7. *Cyrus*, roman de dix tomes de mademoiselle de Scuderi. *Val*. — *Artamène, ou Le Grand Cyrus*, Paris, 1650-58, 10 vol. in-8.

— 23. Jacques Cassagnes, ou Cassaignes, de l'Académie française et de celle des Inscriptions, Garde de la Bibliothèque du roi. C'était un orateur distingué, et il était sur le point de prêcher à la Cour quand le trait de Boileau le perdit dans l'opinion publique et le jeta dans une telle tristesse qu'il mourut fou à Saint-Lazare en 1679. — Charles Cotin, de l'Académie française, aumônier du roi, chanoine de Bayeux. Il a écrit contre Boileau, en prose : *La Critique désintéressée sur les Satyres du temps* (1666?), in-8 de soixante-trois pages (anonyme) ; en vers : *Despréaux, ou la Satyre des Satyres*, s. d., in-8 de douze pages.

36, 4. Mignot, fameux pâtissier-traiteur. *Br*. — Il enveloppoit ses biscuits dans la *Satyre des Satyres* de l'abbé Cotin.

— 10. *Auvernat, Lignage*, deux fameux vins du terroir d'Orleans. *Val*.

— 11. Crenet, fameux marchand de vin logé à la Pomme de Pin. *Val*. — *Vin de l'Hermitage*, cru du département de la Drôme.

37, 18. *L'ordre des Costeaux*. La note de l'édition de 1701 est répétée dans l'édition de 1713.

39, 5. *Une chanson bachique*. Brossette prétend que Boileau fait ici allusion à M. de la C., son neveu, qui avait une assez belle voix, mais qui chantait tous les airs, même les plus gais, d'un ton mélancolique.

40, 3. L'Angleterre et la Hollande estoient alors (1665)

en guerre, et le Roy avoit envoyé du secours aux Hollandois. *Val.*

40, 9. Théophile Viaud, ou plutôt de Viau, dont les œuvres complètes ont été publiées dans la *Bibliothèque elzevirienne* de P. Jannet, par M. Alleaume. — Pierre de Ronsard, prieur de Saint-Côme, près Tours. Ses œuvres complètes font également partie de la *Bibliothèque elzevirienne.*

— 10. *Relevant sa moustache.* Suivant Brossette, Boileau fait allusion à son cousin M. de B., gentilhomme de Châlons.

— 13. Jean Puget de la Serre, escrivain celebre par son galimatias. *Val.* — Son ouvrage le plus connu est : *Le Secrétaire de la Cour.* Paris, 1625, in-8. C'est un amas de formules épistolaires et de compliments qui a été réimprimé plus de cinquante fois; il a laissé de plus des tragédies et des tragi-comédies en vers et en prose.

— 15-16. *La Pucelle.* C'est un mot dit par Mme de Longueville chez le prince de Condé.

— 17. Le Païs,... escrivain estimé chez les provinciaux à cause d'un livre qu'il a fait, intitulé : *Amitiez, Amours et Amourettes. Val.* — *Amitiés, Amours et Amourettes* ont paru pour la première fois à Grenoble, 1664, in-12. Le Pays a encore publié : *Les Nouvelles Œuvres.* Paris, 1672, 2 vol. in-12.

— 20. Corneille. Les comédiens, dans leurs affiches, l'appeloient le *grand* Corneille. (Note inédite de Boileau.)

— 22. *L'Alexandre*, de Racine, Paris, 1666, in-12 (anonyme).

41, 5. *L'Astrate*, de Quinault. Paris, 1665, in-8.

43. Satire IV, composée en 1664. — L'abbé de La Mothe Le Vayer, fils unique de François de La Mothe Le Vayer, et qui a publié en 1656 une traduction de Florus, mourut en 1664, âgé de trente-cinq ans, victime du vin émétique, à ce que dit Guy Patin dans une lettre du 22 septembre 1664.

44, 10. *Libertin*, irréligieux, incrédule.

— 19. François Guénaud, médecin de la reine et grand partisan de l'antimoine, mort le 16 de mai 1667. Sur toute la querelle de l'émétique on peut consulter : Raynaud, *Les Médecins au temps de Molière*. Paris, 1862, in-8.

— 20. La Neveu. Infâme débordée connuë de tout le monde. *Val.* — C'étoit une courtisane fameuse du temps de Louis XIII, que Monsieur, duc d'Orléans, promenoit, quelquefois l'année, toute nue dans Paris. (Note inédite de Boileau, publiée par Berriat-Saint-Prix.)

— 21. Les éditions de 1666 à 1682 portent le mot en toutes lettres.

— 22-23. Var. :

Mais pour rimer ici ma pensée en deux mots,
Sans s'arrester en vain dans ces vagues propos.

45, 2-3. Var. :

Comme lorsqu'en un bois tout rempli de traverses,
Souvent chacun s'egare en ses routes diverses.

— 22. Var. :

Au milieu de ses biens rencontrant l'indigence.

— 26. Var. :

De 1666 à 1682, au lieu du vers 26, on lisait les suivants :

Dites-moi, pauvre esprit, ame basse et venale,
Ne vous souvient-il plus du tourment de Tantale,
Qui, dans le triste estat où le Ciel l'a reduit,
Meurt de soif au milieu d'un fleuve qui le fuit?
Vous riés : sçavés-vous que c'est vostre peinture,
Et que c'est vous par là que la fable figure?
Chargé d'or et d'argent, loin de vous en servir,
Vous brûlés d'une soif qu'on ne peut assouvir.
Vous nagés dans les biens; mais vostre ame alterée
Se fait de sa richesse une chose sacrée;
Et tous ces vains tresors que vous allés cacher,
Sont pour vous un depôt où vous n'osés toucher.
Quoy donc! de vostre argent ignorés-vous l'usage?

46, 2-3. Var. :

Dira cet autre fou, *qui, prodigue du sien,
A trois fois en dix ans devoré tout son bien.*

— 8. Frédoc tenoit une académie de jeu *Br.* — Montfleury le nomme dans la *Fille capitaine,* acte I, scène IX :

Et qui font chez Frédoc toutes leurs caravanes.

— 24. Var. :

C'est par elles souvent qu'on se plaît dans la vie.

— 25. *Chapelain veut rimer.* Cet auteur, avant que sa *Pucelle* fust imprimée, passoit pour le premier poëte du siecle. L'impression gasta tout. *Val.* — Les douze premiers chants de la *Pucelle* ont seuls été imprimés. Paris, 1656, in-fol. et in-12.

47, 1. On tenoit toutes les semaines (le mercredi), chez Menage, une assemblée où alloient beaucoup de petits esprits. *Val.* — « Il est tres-faux que les assemblées qui se font chez moi soient remplies de grimauds. Elles sont remplies de gens d'un grand merite dans les lettres, de personnes de naissance, de personnes constituées en dignité. » MÉNAGE, *Dictionnaire étymologique,* au mot Grimaud.

48, 3. Joli, illustre predicateur, alors curé de Saint-Nicolas-des-Champs, à Paris, et depuis evêque d'Agen. *Val.*

49. SATIRE V, composée en 1665. — Philippe de Courcillon, marquis de Dangeau, de l'Académie française et de l'Académie des sciences, né le 21 septembre 1638, mort le 9 septembre 1720. Son *Journal* a été publié en entier pour la première fois par MM. Soulié, Dussieux, de Chennevières, Mantz, de Montaiglon. Paris, F. Didot, 1854-1861, 19 vol. in-8. — Une note inédite de Boileau, publiée par Berriat-Saint-Prix, nous apprend que cette satire, destinée d'abord à La Rochefoucauld, ne fut adressée à Dangeau, que parce que le nom du premier avait trop de syllabes; on le savait déjà par Louis Racine.

— 5. *Qu'un fat dont la mollesse.* Il s'agirait ici du comte Joachim d'Estaing, né vers 1617, qui passa une partie de sa vie à composer l'arbre généalogique de sa famille, et dont les prétentions nobiliaires fatiguaient ses contemporains.

50, 17. *Alfane*, cheval du roi Gradasse dans l'*Arioste*. *Val.* — *Bayard*, cheval des quatre fils Aymon. *Val.*

51, 3. Var. :

Sçavez-vous *sur un mur repousser des assauts ?*

— 11. Var. :

Toute l'histoire en vain pourroit vous dementir.

53, 10. Segond, auteur qui a fait le *Mercure armorial*. *Val.*

— 18. Tous les gentilshommes considerables, en ce temps-là, avoient des pages. *Val.* — La Fontaine a dit, dans *la Grenouille qui veut se faire aussi grosse que le Bœuf* :

Tout marquis veut avoir des pages.

53-54, 25-26, 1. Var. :

Alors, *pour subvenir à sa triste indigence,*
Le noble du faquin rechercha l'alliance ;
Et, trafiquant d'un nom jadis si precieux.

54, 10. *Mandille*, petite casaque qu'en ce temps-là portoient les laquais. *Val.*

— 12. D'Hozier, auteur tres-sçavant dans les genealogies. *Val.* — Il s'agit de Charles-René d'Hozier, juge d'armes de la noblesse de France, et qui a donné, entre autres ouvrages, les *Recherches de la noblesse de Champagne*. Châlons, 1673, 2 vol. in-fol.

55. SATIRE VI, composée avec la première satire, dont elle faisait d'abord partie.

— 12. L'abbé de Pure, ennuieux celebre. *Val.*

56, 1-2. Var. :

Qu'un affreux serrurier, *laborieux Vulcain,*
Qu'éveillera bien-tost l'ardente soif du gain.

56, 11-12. Imitation de Molière, *École des femmes*, acte V, scène II :

> J'étois, à dire vrai, dans une grande peine,
> Et je benis du Ciel la bonté souveraine.

— 24. On faisoit pendre alors du toit de toutes les maisons que l'on couvroit une croix de lattes pour avertir les passants de s'éloigner. On n'y pend plus maintenant qu'une simple latte. *Val.* — « ... Je ne sçais pourquoi vous estes en peine du sens de ce vers : *Là se trouve une croix*, etc., puisque c'est une chose que dans tout Paris, *et pueri sciunt*, que les couvreurs, quand ils sont sur le toit d'une maison, laissent pendre du haut de cette maison une croix de lattes, pour avertir les passants de prendre garde à eux et de passer vite; qu'il y en a quelquefois des cinq ou six dans une mesme rue et que cela n'empesche pas qu'il y ait souvent des gens blessés; c'est pourquoy j'ai dit : *Une croix de funeste presage.* » (BOILEAU, lettre à Brossette, du 5 mai 1709.)

57, 18. Allusion aux barricades du 20 août 1648, pendant la Fronde.

— 26. Guenaud. C'estoit le plus celebre medecin de Paris, et qui alloit toujours à cheval. *Val.*

58, 2. Cf. le dernier vers du *Discours au Roy*, p. 18.

— 19. Le Marché-Neuf, dit aussi Marché-Palud, entre le pont Saint-Michel et le Petit-Pont.

— 20. On voloit beaucoup en ce temps-là dans les ruës à Paris. *Val.*

59, 2. Il y a une histoire intitulée : *Histoire des Larrons. Val.* — Lyonnois, *Histoire générale des Larrons.* Paris, 1625, in-8; ou Rouen, 1657, in-8.

— 3. Var. :

> Pour moi *qu'une ombre étonne, accablé de* sommeil.

— 12. Tout le monde en ce temps-là portoit des pourpoints. *Val.*

61. SATIRE VII, composée en 1663.

61, 13. — 62, 2. Var. :

Mais un auteur *plaisant qui court partout le monde*,
Qui contrôle nos mœurs, qui nous mord et nous gronde,
Dans sa critique ardeur qui se croit tout permis,
Des lecteurs en tous lieux se fait des ennemis.
La *satire toujours nous pique et* nous outrage.

62, 15. *La Pucelle*, poëme heroïque de Chapelain dont tous les vers semblent faits en dépit de Minerve. *Val.*

— 23. Raumaville. Daunou, se fondant sur ce que les éditions de 1668 et 1675 portent Saumaville, croit qu'il s'agit du libraire Somaville.

— 25. Sofal. Henri Sauval, avocat au parlement de Paris. Il n'a publié de son vivant que les *Amours des rois de France*; l'*Histoire des Antiquités de la ville de Paris*, 3 vol. in-fol., n'a paru qu'en 1724.

63, 3-4.
... Perrin et Pelletier,
Bonnecorse, Pradon, Colletet, Titreville.

Poëtes décriés. *Val.* — Pierre Perrin, connu sous le nom de l'abbé Perrin, introduisit l'opéra en France; il a traduit l'*Énéide* en vers, et ses poésies ont été recueillies en 1661, en 3 vol. in-12. — Balthazar de Bonnecorse a fait le *Lutrigot*, parodie du *Lutrin*. — Nous aurons occasion de parler de Pradon. — Il existe des vers de Titreville dans des recueils du temps.

64, 6. Caïus Lucilius vivait de 149 à 103 ans avant J.-C. Il ne reste de lui que des fragments publiés par J. Dousa : *Lucilii satyrarum quæ supersunt reliquiæ*. Leyde, 1597, in-4.

— 7. Var. :

Noircissoit les Romains des vapeurs de sa bile.
... *de sa plaisante* bile.

— 16. Le nom de Montreüil dominoit dans tous les frequens recueils de poësies choisies qu'on faisoit alors. *Val.*

— 18-21. Par ces derniers vers, Boileau désignoit Furetière. Quand Despréaux lui lut sa premiere satire, il s'apperçut qu'à chaque trait Furetiere souriait malignement et laissoit voir une joie secrete de la nuée d'ennemis qui alloient fondre sur l'auteur Cette perfide approbation fut bien remarquée par Despréaux. (D'ALEMBERT, *Éloge de Despréaux.*)

66. SATIRE VIII, composée en 1667. — Cette satire est tout à fait dans le goust de Perse, et marque un philosophe chagrin qui ne peut souffrir les vices des hommes. *Val.* — Claude Morel, docteur en Sorbonne, doyen de la Faculté de théologie et chanoine théologal de Paris. C'était un grand moliniste que sa mâchoire, fort saillante, avait fait surnommer la *Mâchoire d'âne.*

68, 4. Bussi, dans son *Histoire galante*, raconte beaucoup de galanteries tres-criminelles de dames mariées de la cour. *Val.* — Selon Brossette, Boileau ferait ici allusion à un livre d'*Heures* où figuraient, au lieu de saints, des maris malheureux. On sait quelle longue disgrâce valut à Bussy-Rabutin son *Histoire amoureuse des Gaules.*

— 23-26. Var. d'un carton de l'édition de 1683 :
Mais sans examiner *de quel air au passant,*
L'ours pressé de la faim se montre obeissant,
Et combien un lion, ou Getule ou Numide,
Craint d'estre recherché de vol et d'homicide.

69, 12. Goa, ville des Portugais dans les Indes-Orientales. *Val.*

— 17. Galet, fameux joueur dont il est fait mention dans Regnier. *Val.*

— 20. Allusion à l'aventure du lieutenant-criminel Tardieu et de sa femme. Voir satire X, p. 110, vers 8-19.

70, 11. L'Angely. Il en est parlé dans la premiere satire. *Val.*

— 20. Les Petites-Maisons. C'est un hospital de Paris où l'on enferme les fous. *Val.* — « Tout proche (de l'Abbaye-aux-Bois) est l'hôpital des Petites-Maisons (rue de la Chaise, 28), où les insensés sont enfermés. Il y a aussi un assez bon nombre de vieilles femmes qui y sont logées et entretenues le reste de leur vie. » GERMAIN BRICE. — En 1557 l'hôpital fut rebâti à nouveau, et il devint en 1801 l'*Hospice des Ménages*, démoli en 1863 et transféré à Issy.

70-71, 25-26 et 1. Senaut, La Chambre et Coëffeteau ont tous trois fait chacun un traité des passions. *Val.* — Jean-François Senault, général de l'Oratoire, a donné un *Traité de l'usage des passions*. Marin Cureau de la Chambre, médecin ordinaire du roi, de l'Académie française et de celle des sciences, les *Caractères des passions*. Nicolas Coëffeteau, nommé évêque de Marseille, un *Tableau des passions humaines*.

71, 12. Hyrcanie, province de Perse sur les bords de la mer Caspienne. *Val.*

— 17-18. Parodie. Il y a dans le *Cinna* : *Romains contre Romains*, etc. *Val.*

— 23. Droit d'aubaine. C'est un droit qu'a le Roy de succeder aux biens des étrangers qui meurent en France et qui n'y sont point naturalisez. *Val.* — Il a été supprimé en 1819.

— 5. *Le congrés*. Cet usage fut aboli sur le plaidoyer de M. le president de Lamoignon, alors avocat general. *Val.*

73, 4. L'Université est composée de quatre Facultez, qui sont les Arts, la Theologie, le Droit et la Medecine. Les docteurs portent dans les jours de ceremonie des robes rouges fourrées d'hermine. *Val.*

— 22. *Le Guidon des Finances*, livre qui traite des finances. *Val.* — L'auteur est J. Hennequin.

75, 11. Saint Thomas d'Aquin, surnommé le *Docteur angélique*. — Jean Duns Scot, surnommé le *Docteur subtil*.

— 21. Cotin. Il avoit écrit contre moy et contre Moliere, ce qui donna occasion à Moliere de faire les *Femmes sçavantes*, et d'y tourner Cotin en ridicule. *Val.*

76, 17-18. Var. :
De fantosmes en l'air combattre leurs desirs,
Et de vains arguments chicaner leurs plaisirs.

76, 17-18. Bien des gens croyent que, lorsqu'on se trouve treize à table, il y a toujours dans l'année un des treize qui meurt, et qu'un corbeau aperceu dans l'air presage quelque chose de sinistre. *Val.*

78, 2. *Un jeudi.* C'est le jour des grandes audiences. *Val.*

79. SATIRE IX, composée en 1667. — Cette satire est entierement dans le goust d'Horace, et d'un homme qui se fait son procez à soi-mesme pour le faire à tous les autres. *Val.* — C'est une imitation d'Horace, liv. II, satire VII.

80, 3. Gautier, avocat celebre et tres-mordant. *Val.* — Lorsqu'un plaideur voulait intimider son adversaire, il le menaçait de lui *lâcher Gautier*, qu'on avait surnommé : *Gautier la Gueule.*

81, 5. Honorat de Bueil, marquis de Racan, avait quitté les armes pour se livrer à la poésie.

82, 2. Saumaise, celebre commentateur. *Val.*

82, 10. Neuf-Germain, auteur extravagant. *Val.* — Louis de Neuf-Germain, qui se qualifiait de *Poëte hétéroclite de Monseigneur, frère unique de Sa Majesté*, vivait sous Louis XIII. — La Serre, auteur peu estimé. *Val.*

— 12. *Les rebords du Pont-Neuf.* Où l'on vend d'ordinaire les livres de rebut. *Val.*

— 16. Le Savoyard, chantre du Pont-Neuf. *Val.* — Il s'appelait Philipot, et il nous apprend, dans une de ses chansons, ce que dit aussi d'Assoucy, qu'il était aveugle :

>Je suis l'illustre Savoyard,
>Des chantres le grand cap'taine ;
>Je ne mene pas mon soldat,
>Mais c'est mon soldat qui me mene.

83, 6-8. Ces trois poëmes avoient esté faits : le *Jonas* par Coras, le *David* par Las Fargues et le *Moïse* par Saint-Amant. *Val.*

— 12-13. Jean Hesnault, fils d'un boulanger de Paris, est surtout connu par un sonnet contre Colbert ; il avait voyagé avant de se livrer à la poésie. Les autres noms cités dans ces deux vers ont leur note ailleurs.

83, 23. *Au dixieme volume.* Les romans de *Cyrus*, de *Clelie* et de *Pharamond* sont chacun de dix volumes. *Val.* — Les deux premiers sont de Scudéri et le troisieme de La Calprenede.

84, 20-21. Saint-Pavin reprochoit à l'auteur qu'il n'étoit riche que des dépoüilles d'Horace, de Juvenal et de Regnier. *Val.* — Bonnecorse, Coras, Cotin, Desmarets, Pradon, Saint-Garde et beaucoup d'autres lui font, à bien des reprises, le même reproche. Marmontel, dans l'*Encyclopédie*, au mot *Imitation*, lui en fait une qualité.

85, 2. Allusion à un mot du duc de Montausier, disant qu'il fallait envoyer aux galères Boileau couronné de lauriers. Le duc avait pourtant, dans sa jeunesse, composé lui-même des satires que Ménage qualifie de vives et âcres.

86, 1-4. « Son Alidor étoit si connu qu'au lieu de dire la maison de l'*Institution*, on disoit souvent, par plaisanterie, la maison de la *Restitution*. » (Louis RACINE, *Mémoires*, p. 5o.) — Boileau, d'après une note manuscrite des papiers de Brossette, dit qu'il a voulu parler de « Dalibert, fameux maltôtier qui avoit esté effectivement laquais ».

— 15-16. Un homme de qualité fit un jour ce beau jugement en ma presence. *Val.*

— 18. *Attila* fut représenté par la troupe de Molière le 4 mars 1667. Il fut joué vingt fois de suite, et eut trois autres représentations la même année.

87, 19. Jean-Louis Guez, seigneur de Balzac, fut l'un des premiers membres de l'Académie française. Richelieu lui avait donné, avec une pension de deux mille livres, le brevet de conseiller d'État, historiographe du roi. Le bruit soulevé par le premier recueil de ses lettres, publié en 1624, le fit se retirer dans sa terre.

88, 6. *Le mieux renté.* Chapelain avoit de divers endroits 8000 livres de pension. *Val.*

— 17. Bilaine, libraire du palais. *Val.*

— 19-22. *En vain contre le Cid...* Voiez l'*Histoire de*

l'Académie par Pelisson. *Val.* — Sur toute cette affaire du *Cid*, voir l'*Histoire de l'Académie françoise*, par Pellisson et d'Olivet, édition publiée par M. Ch. Livet. Paris, 1858, 2 vol. in-8, tome Ier, p. v-vi, 86-100, 499-500 ; et J. Taschereau · *Histoire de Corneille.*

88, 24. François Payot ou Pajot de Linière, plus connu pour son athéisme que pour ses vers. Charpentier lui attribue à tort le *Chapelain décoiffé*, et il avoit fait une épigramme contre la *Pucelle*.

89, 13. Feüillet, fameux predicateur et chanoine de Saint-Cloud. *Val.*

90, 15. Lucile, poëte latin satirique. *Val.* — Lelie, consul romain. *Val.* — An de Rome 613, 140 ans avant J.-C.

91, 3. Nicolas Pradon. Ses tragédies eurent beaucoup de succès à la représentation, et celle de *Phèdre et Hippolyte* parut éclipser d'abord la *Phèdre* de Racine.

— 4. Nicolas Perrot d'Ablancourt, traducteur célèbre, reçu à l'Académie en 1637. On appelait ses traductions de Tacite, de César, de Lucien, de Thucydide, de Xénophon, d'Adrien, de Frontin, les *Belles infidèles*.

— 7-8. Saufal, Perrin, auteurs mediocres. *Val.*

— 16. Cotin, dans un de ses écrits, m'accusoit d'estre criminel de leze-majesté divine et humaine. *Val.*

— 24. *L'entrée aux pensions...* En 1662, Chapelain avoit fait donner une de ces pensions à Cotin. *Val.*

97. Satire X, composée en 1692 et 1693. — Juvénal, dans sa première satire, a traité le même sujet.

— 6. *Instrument*, en stile de pratique, veut dire toutes sortes de contracts. *Val.*

99, 2. Phryné, courtisanne d'Athènes ; Laïs, courtisanne de Corinthe. *Val.*

— 7. *Il en est jusqu'à trois...* Cecy est dit figurément. *Val.*

100. 6. Les *Contes* de la reine de Navarre, etc. *Val.*

101, 8-9. *Ces histoires de mort.* Blandin et Du Rosset ont composé ces *Histoires. Val.* — On a : *Les Histoires tragiques* de François Du Rosset, très-souvent réimprimées.

102, 5. Desmares, celebre predicateur. *Val.* — Toussaint-Guy-Joseph Desmares, de l'Oratoire. Son jansénisme le fit persécuter. — *Saint-Roch,* paroisse de Paris. *Val.*

— 11. Il y a deux abbayes du nom de Port-Royal, l'une auprès de Chevreuse (Seine-et-Oise) Port-Royal-des-Champs, l'autre, la plus ancienne, au faubourg Saint-Jacques, Port-Royal de Paris, fondée en 1204, par Mathilde de Garlande, épouse de Matthieu de Montmorency-Marly. Port-Royal-des-Champs, devenu l'asile du jansénisme, fut supprimé violemment en 1709, et détruit par arrêt du 22 janvier 1710. Port-Royal de Paris fut transformé en prison pendant la révolution; depuis 1814, c'est un hôpital destiné aux femmes sur le point d'accoucher.

— 23. Racine a dit (*Phèdre,* acte III, scène III) :
Il faut immoler tout, et la mesme vertu.

103, 1. Maximes fort ordinaires dans les opera de Quinault. *Val.*

— 3. Jean-Baptiste Lulli, né à Florence en 1633, mort à Paris le 22 mars 1687. Attaché d'abord à mademoiselle de Montpensier, Louis XIV le prit bientôt à son service en lui donnant l'inspection de ses violons. Il obtint en 1672 le privilége de l'Opéra, et, de cette époque jusqu'à sa mort, il écrivit dix-neuf partitions.

106, 3. *Pique,* terme du jeu de piquet; *sonnez,* les deux six, terme du jeu de tric-trac. *Val.*

— 7-19. *Bassette, Lansquenet, Ombre, Beste,* jeux de cartes.

— 15. *Gâno,* terme du jeu d'ombre. *Val.*

107, 10. *Ce magistrat.* Le lieutenant criminel Tardieu. *Val.* — Il était le parrain de Jacques Boileau, le docteur en Sorbonne, frère de Despréaux. Sa femme, Marie Ferrier, était fille d'un ministre converti. C'est elle que Racine désigne, dans les *Plaideurs*, sous le nom de la pauvre Babonette.

109, 13. Cf. RACINE, *les Plaideurs*, acte I, scène iv. :
> Elle eust du buvetier emporté les serviettes
> Plutost que de rentrer au logis les mains nettes.

110, 1. La pluspart des femmes portoient alors un masque de velours noir lorsqu'elles sortoient. *Val.*

— 3-11. Sur toute cette histoire des thèses de satin, voir le *Recueil Thoisy*, tome XII, feuillets 153 et 188.

— 17. Var. :
> A la fin un beau jour tous deux les massacrerent.

111, 5. A la suite de ce vers venaient d'abord les quatre suivants :
> Qui dans tous ses discours par quolibets s'exprime,
> A toûjours dans la bouche un proverbe, une rime,
> Et d'un roulement d'yeux aussi-tost applaudit
> Au mot aigrement fou qu'au hasard elle dit.
> (BOILEAU, Lettre à Racine.)

— 13. Richelet, auteur qui a donné un Dictionnaire françois. *Val.* — On doit en outre à Richelet un *Dictionnaire des Rimes*, un *Recueil des plus belles Lettres des meilleurs auteurs françois,* et des traductions.

— 17. *Saint-Cyr*, celebre maison prés de Versailles, où on éleve un grand nombre de demoiselles. *Val.* — Mme de Maintenon la fit construire en 1686 pour y recevoir deux cent cinquante demoiselles nobles. Napoléon Ier lui donna sa destination actuelle d'École spéciale militaire.

— 25. *Fontange.* C'est un nœud de ruban que les femmes mettent sur le devant de la tête pour attacher leur coëffure. *Val.* — C'est à la duchesse de Fontanges, l'une des premières maîtresses de Louis XIV, que cette parure doit son nom.

112, 12. *Eumenide.* L'édition de 1713 répète la note de 1701. — *Isis* est un opéra de Quinault, musique de Lulli.

— 13. *Alecto*, une des Furies. *Val.*

112, 15. *Au sein d'Amate et de Turnus.* Eneïde, liv. VII. *Val.*

— 20. *Ces douces Menades.* Bacchantes. *Val.*

— 22. *Un lit effronté.* Voir épître X, p. 229, v. 16.

113, 16. Courtois et Denyau, medecins de Paris. *Val.* — Ils niaient la circulation du sang.

— 21. Fagon, premier médecin du roi. *Val.* — Gui-Crescent Fagon, était neveu de Gui La Brosse, intendant du Jardin du roi, et soutint sa thèse sur la circulation du sang, ce qui était alors une grande hardiesse.

114, 4. Roberval, Sauveur, illustres mathematiciens. *Val.* — Gilles Personne, de l'Académie des sciences, né à Roberval (Oise). — Joseph Sauveur, de l'Académie des sciences, maître de mathématiques du roi d'Espagne et de monseigneur le duc de Bourgogne.

— 7. Cassini, fameux astronome. *Val.* — Louis XIV le fit venir à Paris, et il fut installé à l'Observatoire, que sa famille ne devait plus quitter, le 14 septembre 1672.

— 8. *Jupiter*, une des sept planettes. *Val.*

— 12. Dalancé, chez qui on faisoit beaucoup d'experiences de physique. *Val.* — Fils d'un chirurgien célèbre qui lui avait laissé une grande fortune, il la consacra tout entière à des expériences de physique.

— 14. Du Vernay, medecin du roi, connu pour estre tres-sçavant dans l'anatomie. *Val.*

— 15. Une hypothèse de Brossette, que discutent tous les commentateurs, signale Mme de La Sablière comme l'original de la curieuse.

— 18. Voiez la comedie des *Precieuses. Val.*

115, 11-12. Au lieu de ces deux vers il y avait, jusqu'en 1698, les quatorze vers suivants, que Boileau supprima lors de sa réconciliation avec Perrault :

Et croit qu'on pourra mesme enfin le lire un jour,
Quand la langue vieillie aura changé de tour,

On ne sentira plus la barbare structure
De ses expressions mises à la torture;
S'estonne cependant d'où vient que chez Coignard
Le Saint-Paulin escrit avec un si grand art,
Et d'une plume douce, aisée et naturelle,
Pourit, vingt fois encor moins lu que La Pucelle.
Elle en accuse alors nostre siecle infecté
Du pedantesque goust qu'ont pour l'antiquité
Magistrats, princes, ducs, et mesme fils de France,
Qui lisent sans rougir et Virgile et Terence,
Et, toûjours pour P** pleins d'un degoût malin,
Ne sçavent pas s'il est au monde un Saint-Paulin.

116, 1. *Ce fameux combat.* L'édition de 1713 répète la note de 1701.

— 12. *Assistance au Sceau*, principale fonction des secrétaires du roi nouveaux anoblis.

117, 19-23. Une lettre de Racine à Boileau, du 30 mai 1693, montre que tout cet éloge de Mme de Maintenon était un peu commandé.

— 23. Alphonse Rodriguez, de la Compagnie de Jésus. Son principal ouvrage est la *Pratique de la Perfection chrétienne*, plusieurs fois traduit en français, entre autres par Port-Royal et par l'abbé Regnier-Desmarais.

120, 1. Les plus exquis citrons confits se font à Roüen. *Val.*

121, 21. *Molinozisme*. Miguel Molinoz, né dans le diocèse de Saragosse en 1627, mort en 1696 dans les prisons de l'inquisitions, publia en 1675 la *Guide spirituelle*, où soixante-huit propositions furent condamnées et qui donna naissance à la secte des molinistes ou quiétistes.

122, 19. La Bruyere a traduit les Caracteres de Theophraste et fait ceux de son siecle. *Val.*

123, 4. Capanée étoit un des sept chefs de l'armée qui mit le siege devant Thebes. Les poëtes ont dit que Jupiter le foudroya à cause de son impieté. *Val.*

— 7. Des Barreaux. On dit qu'il se convertit avant que

de mourir. *Val.* — Jacques Vallée, sieur Des Barreaux, conseiller au parlement.

123, 21. *Se fait cabaretiere.* Il y a des femmes qui donnent à souper aux joüeurs, de peur de ne plus les revoir s'ils sortoient de leur maison. *Val.*

124, 4. Phalaris, tyran en Sicile, tres-cruel. *Val.* — Il s'empara du pouvoir, à Agrigente, vers 571 avant J.-C.

125, 7-26. La comtesse de Crissé serait l'original de ce portrait, aussi bien que de la comtesse de Pimbesche des *Plaideurs.*

127. SATIRE XI, composée en 1698, à l'occasion du procès intenté aux Boileau sur leur noblesse, par une compagnie de financiers. — *A monsieur de Valincour.* Jean-Baptiste-Henri du Trousset de Valincour, de l'Académie française et de celle des sciences. On a de lui : *Lettre à madame la marquise de... sur la princesse de Clèves,* Paris, 1678, in-12 ; *La Vie de François de Lorraine, duc de Guise,* Paris, 1681, in-12 ; des observations sur l'*Œdipe* de Sophocle ; quelques traductions en vers ; des contes, etc.

128, 2. *Leur portant la lanterne.* Allusion au mot de Diogene le Cynique, qui portoit une lanterne en plein jour, et qui disoit qu'il cherchoit un homme. *Val.*

128-129, 26, 1-5. Ces vers seraient le portrait du premier président de Harlay.

129, 15. Le Pactole, fleuve de Lydie où l'on trouve de l'or, ainsi que dans plusieurs autres fleuves. *Val.*

130, 6. Saint-Evremond a fait une dissertation dans laquelle il donne la preference à Petrône sur Seneque. *Val.*

— 12. *Un injuste guerrier.* Alexandre. *Val.*

— 15. *Duterte et Saint-Ange.* L'édition de 1713 répète ici la note de 1701. — Ils ont péri sur la roue.

— 19. Gabriel-Nicolas de La Reynie fut pourvu de la charge de maître des requêtes en 1661. Six ans après, le Roy, voulant établir un bon ordre dans la ville de Paris, ôta la police au lieutenant-civil, et créa une charge de lieutenant de police dont M. de La Reynie fut pourvu en 1667. Il fut l'un des commissaires de la Chambre ardente établie à l'Arsenal pour la recherche des personnes accusées de sortilege et de poisons. *Note de l'édition* de 1772.

130, 22. Agesilas, roi de Sparte. *Val.*

131, 18. Urbain-Louis Le Febvre de Caumartin, conseiller d'État, intendant des finances et sous-doyen du conseil. — Jean-Paul Bignon, abbé de Saint-Quentin, doyen de l'église collégiale de Saint-Germain-l'Auxerrois, des Académies française, des sciences et des inscriptions, bibliothécaire du roi, doyen des conseillers d'État. — Henri-François d'Aguesseau, chancelier de France.

132, 6. *Detroit de Davis.* L'édition de 1713 reproduit la note de 1701. — John Davis, célèbre navigateur anglais, découvrit en août 1585 le détroit qui a conservé son nom.

133, 11. Loi par laquelle les Atheniens avoient droit de releguer tel de leurs citoïens qu'ils vouloient. *Val.*

— 12 *Un ****.* Les éditions postérieures à 1713 portent seules le mot *Jansenisme.*

134, 24. Le Tanaïs est un fleuve du païs des Scythes. *Val.*

137. Ce Discours, composé vers la fin de 1708, fut publié en 1711.

140, 1-3. *Quelques-uns le font encore masculin.* (VAUGELAS, *Remarques sur la langue françoise.*) L'Académie française décida en 1704 que le mot devait être féminin. Il l'est déjà dans le *Dictionnaire de l'Académie* de 1694.

142, 6 Serait-ce la condamnation du *Quiétisme* par Innocent XII le 16 mars 1699, et celle du *Cas de conscience*, par Clément XI, le 12 février 1703 ? Le 3 septembre 1687, Innocent XI avait déjà condamné soixante-huit propositions de Molinos.

143, 16. *Mon epître de l'Amour de Dieu.* Voir la Préface des trois dernières Épîtres, p. 221-225.

— 23. Louis-Antoine de Noailles, évêque de Cahors en

1679, évêque de Châlons-sur-Marne la même année, archevêque de Paris en 1695, cardinal en 1700.

144, 1-3. Voir page 151 la note du premier vers.

— 5. Daunou pense que cette approbation a peut-être été l'un des motifs qui firent refuser la permission d'imprimer la Satire XII. Le jésuite Tellier aurait voulu mortifier à la fois le poëte et l'archevêque.

145. SATIRE XII, composée en 1705 et publiée pour la première foïs en 1711, après la mort de l'auteur.

146, 8. En 1705 Boileau avoit soixante-neuf ans.

— 13. Isaac de Benserade, de l'Académie française, a fait des tragi-comédies, mais il est surtout connu pour avoir mis en rondeaux les *Métamorphoses d'Ovide*. Le *Sonnet sur Job*, qui, avec le sonnet de Voiture *sur la princesse Uranie*, donna lieu à la fameuse querelle des *Jobelins* et des *Uraniens*, est de lui.

— 20. La ruelle est, à proprement parler, l'espace qui, dans la chambre à coucher, se trouve derrière le lit; on a fini par appliquer ce nom à la chambre elle-même. Les *Précieuses*, étendues sur leur lit, recevaient les beaux esprits dans la ruelle.

— 23. *Vertugadins*. C'est une maniere de cercle de baleine que les dames se mettent sur les hanches et sur quoi pose la jupe, de sorte que cela étend et élargit leurs jupes considerablement. (RICHELET.)

147, 6-7. Suivant Brossette, voici la première composition de ces deux vers :

Mais laissons-là le *mal qu'à de tels discours jointe*,
Tu *fis en mil endroits sous le beau nom de pointe*.

151, 9-10. Brossette donne à ces deux vers les deux compositions antérieures qui suivent :

Et, faite avec un cœur au seul faste attaché,
La bonne action mesme au fond *fut un peché*.

Et, fait avec un cœur au seul faste attaché,
Le bien mesme, *le bien au fond fut un peché*.

153, 3-6. Voici, suivant Brossette, la première composition de ces quatre vers :

> *Lorsque chez ses sujets, l'un contre l'autre armés,*
> *Et sur un Dieu fait homme au combat animés,*
> *Tu fis, dans une guerre et si triste et si longue,*
> *Perir tant de chrétiens, martyrs d'une diphthongue.*

Ce dernier vers est resté célèbre. Les orthodoxes disent que le Fils est de même substance que le Père : *Omousios;* les ariens, qu'il est de substance semblable : *Omoiousios.*

— 9. On cite plus de vingt conciles tenus par les Ariens, de 318 à 360.

— 13. Arius, né en Lybie ou à Alexandrie, fut le fondateur de la secte *arienne*, qui niait la divinité de Jésus-Christ. — Valentin, hérésiarque platonicien du Xe siècle, né en Égypte. On ne connaît que par saint Irénée les idées de Valentin. Sa divinité, qu'il appelait *Pléroma* ou *Plénitude*, résultait d'une longue suite d'Æons, êtres mâles et femelles partagés en différentes classes. — Pélage, hérésiarque anglais du IVe siècle. Son nom primitif était Morgan; il niait le péché originel et la nécessité de la grâce; il trouva dans saint Augustin un rude adversaire.

155, 1-6. Nuit de la Saint-Barthélemy, le 24 août 1572.

— 12-22. Voir PASCAL, Ve *Lettre à un Provincial.*

156, 5-10. Voir PASCAL, Xe *Lettre à un Provincial.*

— 13. Cf. PASCAL, commencement de la VIIe *Lettre à un Provincial* et la IXe, vers le milieu.

— 16-26. Cf. PASCAL, V^e, VIe, VIIIe, IXe, XIIe et XVIIIe *Lettre à un Provincial.*

157, 6. Cf. PASCAL, XIVe *Lettre à un Provincial.*

— 9. *Un pape illustre.* Benoît Odescalchi, Innocent X.

— 9-10. Dans une lettre à Brossette, du 2 août 1707, Boileau donne, de ces deux vers, la variante qui suit :

> *Veux-je ici, rassemblant un corps de tes maximes,*
> *Donner Soto, Bannez, Diana, mis en rimes.*

156, 12-24. Cf. Pascal, *VIe*, *VIIe*, *VIIIe*, *IXe*, *X^e*, *XIIe Lettre à un Provincial*. — Du Montheil a donné le premier tous ces renvois aux *Provinciales*.

— 17-18. Voici deux variantes de ces deux vers indiquées, la première par Boileau dans sa lettre à Brossette du 2 août 1707, l'autre par Brossette :

Qu'en chaire tous les jours combattant ton audace,
Blâment plus haut que moi les vrais enfants d'Ignace.

Que tous les jours remplis de tes visions folles,
Plus d'un moine à long froc prêche *dans tes écoles...*

— 25. Wendrock. Nom sous lequel Nicole a publié sa traduction latine des *Provinciales*.

158, 2. C'est-à-dire les cinq propositions qu'on disait être dans le livre de *Jansenius*, et que nul n'a jamais pu y trouver. (V. Pascal, *Ire Lettre à un Provincial*.)

— 15. L'Orne... la Sarthe, rivieres qui passent par la Normandie. *Val.* — La Sarthe a seulement sa source en Normandie.

— 17. Trévoux, chef-lieu d'arrondissement du département de l'Ain. C'était la capitale de la principauté de Dombes. Les jésuites y publièrent de 1701 à 1767, avec l'appui de Louis-Auguste de Bourbon, prince de Dombes, un recueil littéraire célèbre : *Mémoires pour servir à l'histoire des Sciences et des Beaux-Arts*, Paris et Trévoux, 265 vol. in-12. Il est question de Boileau dans le cahier de septembre 1703. C'est aussi à Trévoux, en 1704, que parut la réimpression du Dictionnaire de Furetière connue sous le nom de *Dictionnaire de Trévoux*.

161. Epistre I, composée après le traité d'Aix-la-Chapelle en 1668, à la demande de Colbert, pour détourner le roi de la guerre. Cette épître a été présentée à Louis XIV par Mme de Thiange, sœur de Mme de Montespan.

161, 5-6. Suivant Brossette, Boileau aurait d'abord ainsi fait ces deux vers :

Où vas-tu t'embarquer? Regagne le rivage.
Cette mer où tu cours est celebre en naufrage.

161, 7-10. Var. :

Ce n'est pas que *ma main,* comme un autre, à ton char,
Grand roy, ne pût lier Alexandre et Cesar ;
Ne pût, sans se peiner, dans quelque ode insipide...

162, 10-13. Ces vers s'adressent aux imitateurs de Malherbe. Voir l'*Ode à Marie de Médicis.*

— 23. Claude Julienne, dit Francœur, épicier, fournisseur de la maison du roi, demeurait rue Saint-Honoré, devant la croix du Trahoir, à l'enseigne du *Franc-Cœur.* L'un de ses ancêtres devait à Henri III ce surnom de Francœur.

163, 1. L'édition de 1713 répète la note de 1701. — Valentin Conrart, chez qui s'assemblaient les littérateurs qui furent le noyau de l'Académie française, n'a publié de son vivant que quelques pièces détachées jointes à d'autres ouvrages.

— 1. Var. :

J'observe sur ton nom un silence prudent.

— 11. La campagne de Flandre faite en 1667.

— 24. Plutarque, dans la *Vie de Pyrrhus. Val.* — Cf. RABELAIS, liv. I, ch. XXXIII.

164, 5. Var. :

Mais quand nous l'aurons prise, et bien que ferons-nous ?

165, 1. Les évêques préféraient alors, en général, le séjour de la Cour à celui de leur diocèse, et Saint-Simon en cite un, le cardinal de Polignac, qui n'avait jamais mis le pied dans son archevêché.

166, 9. La paix de 1668. *Val.*

— 15. Le Roy venoit de conquerir la Franche-Comté en plein hyver (février 1668). *Val.*

— 18 Le Carrousel de 1662 et les *Plaisirs de l'île enchantée,* à Versailles, en mai 1664.

— 19. La Chambre de justice contre les traitants, en 1661.

— 21. Ce fut en 1663. *Val.* — C'est en 1662 que

l'on fit venir des blés de Russie et de Pologne. Le roi avait fait établir des fours dans le Louvre, et on y fabriquait du pain vendu à un prix modique.

166, 22. Plusieurs édits donnez pour reformer le luxe. *Val.*
— Le vers suivant désignerait-il les Grands Jours d'Auvergne en 1665 ?

— 24. La Chambre de justice (décembre 1661). *Val.*

— 25. Les tailles furent diminuées de quatre millions. *Val.*

— 26. Les soldats emploiez aux travaux publics. *Val.*

167, 1. Establissement en France des manufactures. *Val.*
— Les manufactures de tapisseries des Gobelins et de points de France en 1665 ; celle des glaces en 1666.

— 2-3. Dans une lettre à Maucroix, du 29 d'avril 1695, Boileau dit que La Fontaine lui avait affirmé plusieurs fois que ces deux vers étaient ceux de tous qu'il estimait le plus.

— 3. A la suite de ce vers venaient les quatre suivants, supprimés en 1683 :

Oh ! que j'aime à les voir, de ta gloire troublez,
Se priver follement du secours de nos blez,
Tandis que nos vaisseaux, partout maîtres des ondes,
Vont enlever pour nous les tresors des deux mondes !

— 4. La colonnade du Louvre, Versailles, etc.

— 7. Le canal de Languedoc. *Val.* — Proposé par Paul Riquet en 1664 et commencé en 1665.

— 9. L'ordonnance de 1667. *Val.* — L'*Ordonnance civile* fut publiée en avril 1667; l'*Ordonnance criminelle* ne parut qu'en août 1670.

— 11. Dans la première édition, 1672, à la suite de ce vers venaient les deux suivants :

Muse, abaisse ta voix ; je veux les consoler,
Et d'un conte, en passant, il faut les regaler,

puis la fable de l'huître, qui a reparu dans l'Épître II, et enfin l'Epître Ire se terminait ainsi :

Mais quoi ! j'entends déja quelqu'austere critique,
Qui trouve en cet endroit la fable un peu comique.

> *Que veut-il ? C'est ainsi qu'Horace dans ses vers,*
> *Souvent delasse Auguste en cent stiles divers,*
> *Et, selon qu'au hasard son caprice l'entraîne,*
> *Tantost perce les cieux, tantost rase la plaine.*
> *Revenons toutefois. Mais par où revenir?*
> *Grand Roi, je m'aperçois qu'il est temps de finir.*
> *C'est assez, il suffit que ma plume fidele*
> *T'ait fait voir en ces vers quelqu'essai de mon zele ;*
> *En vain je pretendrois contenter un lecteur*
> *Qui redoute surtout le nom d'admirateur,*
> *Et souvent pour raison oppose à la science*
> *L'invincible degout d'une injuste ignorance ;*
> *Prêt à juger de tout, comme un jeune marquis*
> *Qui, plein d'un grand savoir chez les dames acquis,*
> *Dedaignant le public, que lui seul il attaque,*
> *Va pleurer au Tartuffe et rire à l'Andromaque.*

167, 18-19. Le Roy, en 1663, donna des pensions à beaucoup de gens de lettres de toute l'Europe. *Val.*

169. EPISTRE II, composée en 1669, pour y intercaler l'apologue de l'huître, et publiée en 1672. — Jean-François-Armand Fumée Des Roches, à qui Gabriel Guéret a dédié son *Parnasse réformé*, descendait d'Armand Fumée, premier médecin de Charles VII.

— 8. Voir une note de la Satire IX, p. 268. Depuis la publication de cette satire, Linière avait fait des chansons contre Boileau.

170, 8. Des Roches avait dans le midi deux ou trois abbayes commendataires assez considérables, et ses droits, fort obscurs, donnaient lieu à de fréquents differends entre les moines et leur abbé ; c'est pour cela que Boileau dédie à Des Roches une épître contre la chicane.

— 9. Ausanet, fameux avocat au parlement de Paris. *Val.*

— 22. Corbin, Le Mazier, deux autres avocats. *Val.*

171, 1-12. La Fontaine, livre IX, fable IX : *L'Huître et les Plaideurs*.

172. EPISTRE III, composée en 1673. — Le titre de

docteur de Sorbonne ne put être ajouté au nom d'Antoine Arnauld qu'après la mort de celui-ci.

172, 1. *Arnauld estoit alors occupé à escrire contre le sieur Claude, ministre de Charenton. Val.* — Jean Claude, le plus célèbre des controversistes protestants, qui discuta contre Bossuet, Arnauld et Nicole. Le livre d'Antoine Arnauld auquel Boileau fait allusion dans sa note est sans doute *La Perpétuité de la foy de l'Eglise catholique touchant l'Eucharistie défendue contre le livre du sieur Claude.*

— 12. *Charenton, lieu prés de Paris où ceux de la R. P. R. (religion prétendue réformée) avoient un temple. Val.* — L'édification d'un temple à Charenton fut autorisée par lettres patentes d'Henri IV du 1er août 1606. Ce premier temple, qui n'était qu'un bâtiment insignifiant, fut détruit en 1621 dans une émeute contre le protestantisme. Jacques de Brosse fut alors chargé de construire un véritable temple, qui disparut lors de l'édit de Louis XIV du 18 octobre 1685, qui révoquait l'édit de Nantes et ordonnait la destruction de tous les temples protestants.

173, 10. Ce vers désignerait le prince de Condé.

175, 15. Une note de Brossette, publiée par Cizeron-Rival, applique ce vers et les deux précédents à Charles-Marie Le Tellier, archevêque de Rheims. Ce prélat ne concevait pas comment on pouvait être honnête homme à moins d'avoir un revenu de dix mille livres. Un jour il s'informait de la probité de quelqu'un : « Monseigneur, lui répondit Boileau, il s'en faut de quatre mille livres de rentes qu'il soit un homme d'honneur. » (DAUNOU.)

177. EPISTRE IV, composée au mois de juillet 1672 et publiée au mois d'août de la même année.

— 7-8. Var. :

1° *Pour trouver un beau mot, des rives* de l'Issel
  Il faut, toujoürs bronchant, courir jusqu'au Tessel.
2° *Pour trouver un beau mot,* il faut depuis l'Issel,
  Sans pouvoir s'arrêter, courir jusqu'au Tessel.
3° *On a beau s'exciter :* il faut depuis l'Issel,
  Pour trouver un beau mot, courir jusqu'au Tessel.

177-178, 7-15, 1-5. Issel, rivière de Hollande qui se jette dans le Zuiderzée; Tessel, île hollandaise de l'océan Germanique; Woërden, ville forte de la Hollande sur le Rhin; Heusden, autre ville de Hollande; Doesbourg, prise par Monsieur le 22 juin 1672; Zutphen, capitale du comté de ce nom, prise par Monsieur le 26 juin 1672; Wageninghem, Harderwic, villes du duché de Gueldre, qui se rendirent les 22 et 23 juin; Knotzembourg, fort sur le Wahal, assiégé le 15, pris le 17 juin par Turenne; le Wahal et le Lech sont deux branches du Rhin qui se mêlent à la Meuse.

178, 12-13. Orsoy, place forte du duché de Clèves, fut prise en deux jours au commencement de juin 1672. — Nimègue, capitale du duché de Gueldre, fut prise par Turenne le 7 juillet de la même année.

— 16. Var. :
1º *Le malheur sera grand, si nous nous y noyons.*
2º *Il fait beau s'y noyer, si nous nous y noyons.*

— 21. L'édition de 1713 répète la note de 1701. C'est le mont Saint-Gothard, dans le canton des Grisons (Suisse).

179, 16. *Tholus*, lieu sur le Rhin, près du fort de Skinck, où était un bureau de péage (*Tol'huis* : huis bureau, tol' péage).

— 24. La conquête de la Flandre espagnole en 1667.

180, 8. *Cicatricé*, couvert de cicatrices. Cicatrisée se disait seulement d'une plaie; le *Dictionnaire de l'Académie*, celui de Littré, n'admettent que cicatrisé, et Littré cite précisément pour exemple ce vers de Boileau. Boiste donne les deux mots.

— 19. 1713 répète la note de 1701.

181, 13. Grammont, monsieur le comte de Guiche. *Val.* — Armand, comte de Guiche, fils aîné du maréchal de Grammont, lieutenant général de l'armée de M. le Prince.

— 17. Charles-Amédée de Broglio, comte de Revel, mort lieutenant général en 1707.

181, 20. L'Esdiguiere, monsieur le comte de Saux. *Val.* — François-Emmanuel de Blanchefort de Bonne de Créqui, duc de Lesdiguières, pair de France, gouverneur du Dauphiné.

— 21. Louis-Victor de Rochechouart, duc de Mortemart et de Vivonne, alors général des galères, mort maréchal de France. Il était, ainsi que le chevalier de Nantouillet, très-lié avec Boileau. — Armand de Combout, duc de Coeslin, pair de France, chevalier des ordres du roi.

— 23. Philippe de Vendôme, chevalier de Malte, n'avait pas tout à fait dix-sept ans lors du passage du Rhin.

182, 2. Le marquis de La Salle traversa le Rhin un des premiers, et fut blessé par les cuirassiers français, qui le prirent pour un Hollandais. — Le marquis de Beringhen, premier écuyer du roi et colonel du régiment Dauphin. — Arnauld de Bautru, comte de Nogent, capitaine des gardes de la porte, lieutenant général au gouvernement d'Auvergne, maître de la garde-robe et maréchal de camp, tué au passage du fleuve. — Louis Oger, marquis de Cavois ou de Cavoie, depuis grand maréchal des logis de la maison du roi. Il était le quatrième des sept fils de François Oger, et les trois premiers furent tués à l'armée. Il est question de lui dans la correspondance entre Boileau et Racine.

— 23-24. Henri-Jules de Bourbon, duc d'Enghien, fils de Louis II de Bourbon, prince de Condé (le grand Condé).

183, 7-9. Wurts, commandant de l'armée ennemie. *Val.* — Wurts, qui commandait le camp destiné à s'opposer au passage du Rhin, s'était acquis beaucoup de réputation en défendant Cracovie pour les Suédois contre les Impériaux.

— 12. Ce fort, qui passait pour imprenable, fut assiégé le 18 et pris le 21 de juin 1672.

— 16. Arnheim, ville considérable du duché de Gueldre, prise par Turenne le 14 de juin 1672.

— 17. Hildesheim, petite ville de l'électorat de Trèves.
184, 11.
Je t'attends dans deux ans aux bords de l'Hellespont.

Tarare-Pompon, ajouta Bussy-Rabutin, qui d'ailleurs écrivit une lettre où toute l'épître était amèrement censurée. Le P. Rapin et le comte de Limoges s'entremirent pour réconcilier Despréaux et Bussy, qui, se craignant l'un l'autre, ne jugèrent pas à propos de continuer la querelle. (DAUNOU.) — Il est question de tout cela dans une lettre de Boileau à Bussy du 25 de mai 1673.

185. EPISTRE V, composée et publiée en 1674. — Gabriel-Joseph de Lavergne, comte de Guilleragues, secrétaire des commandements du prince de Conti, secrétaire de la chambre et du cabinet du roi, ambassadeur à la cour ottomane, né à Bordeaux, mort d'apoplexie à Constantinople le 5 de décembre 1634.

186, 1. *Son neuviéme lustre.* 1713 répète la note de 1701. — Boileau n'avait alors que trente-huit ans; il était né le 1er novembre 1636, et l'Epistre V fut composée en 1674.

— 5. Pinchesne estoit neveu de Voiture. *Val.* — Étienne Martin, seigneur de Pinchesne, contrôleur de la maison du roi, né à Amiens, « qui, dit le *Catalogue manuscrit de la Bibliotheque Richelieu*, s'imaginoit avoir de l'esprit parce qu'il étoit neveu de Voiture ». Il y a sur Pinchesne, que nous retrouverons dans le Chant V du *Lutrin*, une anecdote curieuse dans le *Carpenteriana*.

— 8. Dans un grand nombre d'éditions ce vers a été imprimé ainsi :

Ainsi que mes chagrins, mes beaux jours sont passez.

— 16. L'astrolabe sert à mesurer la hauteur des astres au-dessus de l'horizon.

— 18. La parallaxe (ce mot est féminin) est la différence entre le *lieu* apparent et le *lieu* véritable d'un astre, c'est-à-dire entre la place que semble occuper l'astre, vu de la surface de la terre, et celle qu'il occuperait, vu du centre.

— 19. Rohaut, fameux cartesien. *Val.* — Jacques Rohault, professeur de la philosophie cartésienne, gendre de Cl. Clerselier, autre cartésien, inhumé en l'abbaye de Sainte-Geneviève, à côté de Descartes.

186, 21. Bernier, celebre voyageur qui a composé un abregé de la philosophie de Gassendi. *Val.* — François Bernier, médecin et voyageur, était en relation avec les personnages les plus illustres de son temps.

187, 20. Cusco était la capitale du Pérou sous les Incas; aujourd'hui c'est Lima.

— 21. *Le Potose*. Montagne où sont les mines d'argent les plus riches de l'Amérique. *Val.*

189, 12. 1713 répète la note de 1701.

— 12-13. Ces deux vers, dans les éditions de 1674 et 1682, sont remplacés par les deux suivants :
Je sçay que dans une ame où manque la sagesse,
Le bonheur n'est jamais un fruit de la richesse.

— 14, Aristippe fit cette action, et Diogene conseilla à Cratés, philosophe cynique, de faire la mesme chose. *Val.*

— 23. Gilles Boileau, greffier de la Grand'chambre du parlement de Paris.

190, 2. Environ douze mille écus de patrimoine dont notre auteur mit le tiers à fond perdu sur l'Hôtel de ville de Lyon, qui lui fit une rente de quinze cents livres pendant sa vie. *Br.*

— 4. *Fils* de Gilles, greffier de la Grand'chambre; *frère* de Jérôme, qui eut la charge du père; *oncle* et de plus *cousin germain*, par alliance, de Dongois, greffier d'audience de la Grand'chambre; *cousin germain*, par alliance, de Jean Chassebras, greffier du Grand Conseil; *beau-frère* de trois greffiers, Jean Dongois et Charles Langlois, à la Chambre de l'édit, et Joachim Poyvinet à celle des requêtes.

— 10.
Il étoit grand dormeur et se levoit fort tard. *Br.*

— 22. Le roi ayant donné une pension de deux mille

livres à l'auteur, un seigneur de la Cour, qui n'aimoit pas M. Despréaux, s'avisa de dire que bientôt le roi donneroit des pensions aux voleurs de grands chemins. Le roi sçut cette réponse et en fut irrité. Celui qui l'avoit faite fut obligé de la désavouer. (SAINT-MARC.) — Cizeron-Rival, *Anecdotes littéraires*, p. 177, dit, d'après Brossette, que c'est le duc de Montausier.

192. EPISTRE VI, composée en 1677, avant l'Epistre VII, et publiée en 1683. Cf. Horace, livre II, satire VI.

— Chrestien-François de Lamoignon, depuis president à mortier (1698), fils de Guillaume de Lamoignon, premier president du parlement de Paris. *Val.*

— 4. 1713 répète la note de 1701, en ajoutant au nom de « l'illustre M. Dongois » : greffier en chef du parlement. — Aujourd'hui, Haute-Isle, departement de Seine-et-Oise. — L'épithète d'*illustre* que, dans cette note, Boileau donne au greffier son neveu, et dont Voltaire s'est moqué, était alors appliquée à tous les genres de célébrités.

193, 24. René Brulart, comte de Broussin, fils de Louis Brulart, seigneur de Broussin et du Raucher, et de Madeleine Colbert ; il était fort habile dans l'art de la bonne chère.

194, 1. Bergerat, fameux traiteur. *Val.* — Il demeurait rue des Bons-Enfants, à l'enseigne des *Bons-Enfants*.

— 13. L'Hospice des incurables a été élevé en 1636 par l'architecte Dubois sur des terrains appartenant à l'Hôtel-Dieu de Paris, au moyen de legs et de donations de Marguerite Rouillé, femme d'un conseiller au Châtelet, de Jean Goullet, prêtre, et surtout du cardinal de La Rochefoucauld, abbé de Sainte-Geneviève et grand aumônier de France. Il fut autorisé par lettres patentes du mois d'avril 1637, et c'est depuis 1802 qu'il est consacré exclusivement aux femmes.

— *Le Roy se prit à rire*. Le duc de Montausier ne se lassoit point de blâmer les satires de notre poëte. Un jour, le roi, peu touché des censures que ce seigneur en faisoit, se prit à rire et lui tourna le dos. Notre auteur n'avoit garde de manquer à faire usage d'un fait qui lui faisoit honneur. Quand il recita cette *Epistre* au roi, Sa Majesté remarqua principalement cet endroit et se mit encore à rire. (SAINT-MARC.)

194, 19. C'est la préface de la *Phèdre* de Pradon, qui a paru en 1677, six ans avant les Epistres VI et VII; Pradon fut donc l'agresseur.

— 21. *Un caudebec*. Sorte de chapeaux de laine qui se font à Caudebec en Normandie. *Val.*

— 23. L'abbé Tallemant avait fait courir le bruit, et Pradon avait dit à la table de Pellot, premier président de Rouen, que Boileau avait reçu des coups de bâton.

— 24. Un écrit satirique contre le duc de Nevers. *Br.* — C'est un sonnet sur les mêmes rimes que celui que madame Deshoulières avait fait sur la *Phedre* de Racine. Cf. Epistre VII.

195, 2. Allusion aux nouvellistes qui s'assemblent dans le jardin du Palais. *Val.*

— 3. La première édition des Satires a paru en mars 1666.

— 16. On a attribué à Boileau, et même imprimé sous son nom ou inséré dans de mauvaises éditions de ses œuvres, des satires contre le mariage, contre les maltôtes ecclésiastiques, contre les directeurs, etc. Voir le Discours qui précède la Satire XII, p. 138.

— 25, 26. Valenciennes fut assiégée et emportée d'assaut en mars 1677; Cambray fut pris le 17 d'avril 1677, après vingt jours de siége.

197, 2-3. La bataille de Cassel, gagnée par Monsieur, Philippe de France, frere unique du roi en (le 11 d'avril) 1677. *Val.* — Après la victoire de Cassel, Monsieur reprit le siége interrompu de Saint-Omer, qui capitula le 20 d'avril.

— 5. Il était dans sa quarante et unième année.

197, 14. Le soleil passe dans le signe du *Lion* du 23 juillet au 23 d'août.

198, 7. *Baville*, maison de campagne de Monsieur de Lamoignon. *Val.* — C'est une seigneurie considérable, à neuf lieues de Paris, du côté de Chartres et d'Étampes. (SAINT-MARC.) — C'est aujourd'hui un hameau de 76 habitants, dépendant de la commune de Saint-Chéron, département de Seine-et-Oise.

— 13. 1713 répète la note de 1701.

200. EPISTRE VII, composée en 1677, pour consoler Racine du succès de la *Phèdre* de Pradon, représentée sur le théâtre de la troupe du roi deux jours après celle de Racine, jouée par les comédiens de l'Hôtel de Bourgogne, le 1er de janvier 1677. On peut consulter sur toute cette grande querelle des deux *Phèdre* les *Mémoires* de Racine fils.

— 6. La Chanmeslé, celebre comedienne. *Val.* — Marie Desmares, fille d'un président au parlement de Rouen. Elle épousa un acteur du théâtre de Rouen, Charles Chevillet, sieur de Champmeslé, et débuta avec lui en 1669, au théâtre du Marais, à Paris; ils passèrent de là au théâtre de l'hôtel de Bourgogne, puis sur celui de la rue Guénégaud. On sait que la Champmeslé fut aimée de Racine.

201, 7. Sur ce vers et les suivants, Cf. J. Taschereau, *Histoire de la Vie et des Ouvrages de Molière*, 3º édition. Paris, Hetzel, 1844, in-18, *passim*.

— 14. Le commandeur de Souvré.

— 15. De Broussin, ami du commandeur de Souvré.

— 17. Daunou et Amar pensent que Boileau veut désigner Bourdaloue, qui prêcha contre le *Tartuffe*.

— 18-19. Plapisson, ne pouvant résister au crève-cœur de voir le public y applaudir, leva d'abord les épaules de pitié; mais bientôt, emporté par son jaloux dépit, il s'écria, en s'adressant au parterre : « Ris donc, parterre, ris donc! » La *Critique de l'École des femmes* a immortalisé cette plaisante boutade. (J. Taschereau, *Histoire de ... Molière*, page 47.)

202, 3. *Suréna*, la dernière tragédie de Corneille, a été jouée à la fin de l'année 1674.

— 14. La tragédie d'*Andromaque* était surtout critiquée par les gens de cour, le prince de Condé en tête. Racine s'en vengea par l'épigramme suivante qu'il s'adresse à lui-même :

Le vraisemblable est choqué dans ta piéce,
Si l'on en croit et d'Olonne et Crequi.
Crequi dit que Pyrrhus aime trop sa maîtresse,
D'Olonne, qu'Andromaque aime trop son mari.

Le comte d'Olonne n'était pas trop aimé de sa femme et le maréchal de Créqui ne passait pas pour aimer trop les femmes.

203, 22. Perrin. Il a traduit l'*Eneïde* et fait le premier opera qui ait paru en France. *Val.*

— 23. *L'auteur du Jonas.* Coras.

— 24. *De Senlis le poete idiot .* Liniere. *Val.*

— 25. François Tallemant, abbé du Val-Chrétien, prieur de Saint-Irenée de Lyon, premier aumônier de Madame, duchesse d'Orléans. En outre des *Vies des hommes illustres*, il a traduit l'*Histoire de la République de Venise* de Nani. C'est le frère de Gédéon Tallemant des Réaux, l'auteur des *Historiettes*.

203-204, 26, 1. Var. :

Pourvu qu'avec *honneur* leurs rimes debitées
Du public dédaigneux ne soient point rebutées.

204, 3-4. Louis II de Bourbon, prince de Condé, surnommé le Grand Condé. Il passa le commencement et la fin de sa vie dans son château de Chantilly.

— 4. Jean-Baptiste Colbert, marquis de Seignelay, ministre et secrétaire d'État, commandeur et grand trésorier des ordres du roi, contrôleur des finances, surintendant des bâtiments, arts et manufactures de France.

204, 5. François VI, duc de La Rochefoucauld, chevalier des ordres du roi et gouverneur du Poitou : c'est l'auteur des *Maximes*. — Son fils, François VII, grand veneur de France, grand maître de la garde-robe du roi et chevalier de ses ordres, porta jusqu'à la mort de son père le titre de prince de Marcillac. — Simon Arnauld, marquis de Pomponne, fils de Robert Arnauld d'Andilly et petit-fils d'Antoine Arnauld. Il fut successivement ambassadeur en Suède, secrétaire d'État pour les affaires étrangères et ministre d'État.

— 9. A la suite de la publication de cet épître, Montausier se réconcilia avec Boileau. — Charles de Sainte-Maure, duc de Montausier, pair de France, etc., et mari de Julie d'Angennes, demoiselle de Rambouillet.

— 13. 1713 répète la note de 1701. — Jean Brioché demeurait près du Pont-Neuf, au bout de la rue Guénégaud ; le théâtre où fut joué la *Phèdre* de Pradon était vis-à-vis, à l'autre bout de la rue Guénégaud, rue Mazarine.

— 15. Un jour, au sortir d'une des tragédies de Pradon, M. le prince de Conti, l'aîné, lui dit qu'il avait mis en Europe une ville d'Asie. « Je prie V. A. de m'excuser, répondit Pradon, car je ne sais pas tres-bien la chronologie. »

205. Epistre VIII, composée en 1675 et 1676, publiée seulement à la fin de 1677. La dernière partie de la campagne de 1675 fut peu heureuse pour Louis XIV. Turenne avait été tué, Créqui fait prisonnier, l'armée avait repassé le Rhin ; Boileau dut attendre un moment plus propice pour publier ce qu'il appelait son *remerciement* de la pension qu'il avait reçue du roi.

206, 4-5. Var. :

Sur ses nombreux défauts, merveilleux à décrire,
Le siecle m'offre encor plus d'un bon mot à dire.

— 6. Var. :

Mais à peine *Salins et Dole* sont forcez...

206, 6-7. Dinant et Limbour furent prises en 1675. Louis XIV en personne prit Condé le 26 d'avril 1676, et Monsieur prit Bouchain le 11 de mai de la même année.

207, 14. 1713 répète la note de 1701. — La *Pharsale* de Brébeuf, dont il est ici question, est une traduction en vers de celle de Lucain.

— 18. *Childebrand* et *Charlemagne*, poëmes qui n'ont point réussi. *Val.* — Le premier est de Jacques Carel de Sainte-Garde, le second de Louis le Laboureur, bailli du duché de Montmorency.

209, 2. Tullius, senateur romain. Cesar l'exclut du Senat, mais il y rentra aprés sa mort. *Val.*

— 3. 1713 répète la note de 1701.

210. EPISTRE IX, composée au commencement de 1675, avant l'Epistre VIII.

— *Le marquis de Seignelay*, Jean-Baptiste Colbert, ministre et secretaire d'Etat, mort en 1690, fils de Jean-Baptiste Colbert, ministre et secretaire d'Etat. *Val.*

— 3. *De l'Ebre jusqu'au Gange*. Riviere d'Espagne. *Val.* — Riviere des Indes. *Val.*

211, 8. Monterey, gouverneur des Païs-Bas. *Val.* — Condé força Monterey de lever le siege d'Oudenarde le 12 de septembre 1674.

— 9. Turenne avait battu les Electeurs à la bataille de Turckeim, en Alsace, le 5 de février 1675.

— 19. *Fils de Pelée ou d'Alcmene*. Achille. *Val.* — Hercule. *Val.*

212, 23. Le *Jonas* de Coras, et le *Childebrand* de Carel de Sainte-Garde.

212, 25. La *Montre d'amour*, petit ouvrage galant de Bonnecorse. — Le *Miroir*, ou la *Métamorphose d'Orante*, est un conte de Charles Perrault, en prose mêlée de vers, qu'on trouve dans : *Recueil de divers Ouvrages en prose et en vers*, par M. Perrault. — *Amitiés, Amours et Amourettes*, par René Le Pays.

213, 23. Allusion au duc de Montausier. *Br.*

— 26. M. le C. D. F. (le comte de Fiesque) avoit eu d'abord une ignorance fort aimable, et disoit agréablement des incongruités ; mais il perdit la moitié de son mérite dès qu'il voulut être savant et se piquer d'avoir de l'esprit. (SAINT-MARC.)

214, 14-19. Monchesnay, dans le *Bolœana*, p. 62-63, prétend que Boileau a voulu parler ici de Lulli; Brossette, et Cizeron-Rival disent la même chose. Berriat-Saint-Prix fait remarquer que c'est d'autant moins probable, que Lulli vivait encore et était protégé par le roi.

216, 3. Ménage (*Christine*, églogue), dit d'Abel Servien, qui était borgne :

Le grand, l'illustre Abel, cet esprit sans pareil,
Plus clair, plus penetrant que les traits du soleil.

— 20. Louïs de Bourbon, prince de Condé, mort en 1686. *Val.*

— 24. *Seneffe,* combat fameux de Monseigneur le Prince. *Val.* — Le Grand Condé gagna la bataille de Seneffe le 11 d'août 1674, contre les troupes réunies des Allemands, des Espagnols et des Hollandais commandées par le prince d'Orange.

217, 2-3. 1713 répète la note de 1701.

— 5. 1713 répète la note de 1701. — Quand M. Le Laboureur eut présenté son poëme de *Charlemagne*, M. le prince en lut quelque chose, après quoi il donna le livre à Pacolet, à qui il renvoyoit ordinairement tous les ouvrages qui l'ennuyoient. (SAINT-MARC.)

221. PRÉFACE, composée en 1697 et publiée en 1698, à la tête des trois dernières épîtres, précédées, dans les éditions in-4°, du faux titre : *Epistres nouvelles.*

224, 15-16. *Monseigneur l'évêque de Meaux*, Jacques-Benigne Bossuet. *Val.*

— 22-23. *Ce saint archevesque.* Louis-Antoine de Noailles, cardinal, archevêque de Paris. *Val.*

225, 9-25. Dans les éditions séparées, jusqu'en 1701, c'est l'alinéa suivant qui terminait la préface :

Je croyois n'avoir plus rien à dire au lecteur ; mais, dans le temps mesme que cette preface estoit sous la presse, on m'a apporté une miserable épistre en vers que quelqu'impertinent a fait imprimer, et qu'on veut faire passer pour mon ouvrage sur l'amour de Dieu. Je suis donc obligé d'ajouter cet article, afin d'avertir le public que je n'ai fait d'épistre sur l'amour de Dieu que celle qu'on trouvera ici, l'autre estant une pièce fausse et incomplète, composée de quelques vers qu'on m'a dérobez, et de plusieurs qu'on m'a ridiculement prêtez, aussi bien que les notes temeraires qui y sont.

— 15-18. *Attritio ex gehennæ...* Voici la traduction de ce passage par M. Amar : « L'attrition qui résulte de la crainte de l'enfer suffit même sans aucun amour de Dieu et sans aucun rapport à ce Dieu qu'on a offensé ; une telle attrition suffit parce qu'elle est honnête et surnaturelle. »

— 23-24. Le catéchisme de Joli, entre autres. Cf. Bergier, *Dictionnaire de théologie*, aux mots : *Attritions* et *Attritionnaires*.

227. Epistre X, composée en 1695.

— 5. Chez Barbin, libraire du Palais. *Val.* — Thierry était cependant le libraire qu'employait le plus ordinairement Boileau ; il était même l'éditeur de cette épistre.

228, 12. *Sous mes faux cheveux blonds.* L'auteur avoit pris perruque. *Val.*

— 21. Mathurin Regnier, chanoine de Notre-Dame de Chartres. La première édition de ses œuvres est de Paris, 1608, in-4°, et la dernière publiée est celle par laquelle vient de commencer la *Nouvelle Bibliothèque classique*, dont fait partie notre édition de Boileau.

229, 17. *Un lit ne peut être effronté.* Terme de la dixième satyre. *Val.*

— 18. Cf. Perrault, *Apologie des femmes*.

— 22. *Pyrame* et *Regulus*, pieces de theatre de Pradon.

Val. — *Pyrame et Thisbé* fut joué en 1674, *Regulus* en 1688.

229, 24. Jean Buzée, de la Compagnie de Jésus, a donné, entre autres ouvrages, des *Méditations sur les évangiles de toute l'année et sur d'autres sujets*, souvent réimprimées; l'original est en latin. — Julien Hayneufve, de la Compagnie de Jésus, a publié : *Méditations pour le temps des exercices qui se font dans la retraite de huit ou dix jours*, Paris, 1661, in-12, et d'autres ouvrages de même nature. Boileau, étant un jour dans la boutique de Thierry, son libraire, s'aperçut qu'on avait enveloppé les ouvrages de ces deux jésuites dans les tragédies de Pradon.

230, 2. *Jonas*, 1713 répète la note de 1701. — Ce poëme est de Coras.

231, 9. *Allié d'assés hauts magistrats* : MM. de Bragelongne; Amelot, président de la Cour des aides; Gilbert, président aux enquêtes, gendre de M. Dongois; de Lionne, grand audiencier de France, et plusieurs autres maisons illustres dans la robe. *Br.*

— 10. *Fils d'un pere greffier, né d'ayeux avocats.* Son père était Gilles Boileau, greffier de la grand'chambre du parlement de Paris. — Ils tiraient leur origine de Jean Boileau, notaire et secrétaire du roi, qui obtint des lettres de noblesse pour lui et sa postérité, au mois de septembre 1371. De Jean Boileau à Boileau Despréaux, il y eut plusieurs avocats célèbres.

— 11. Sa mère, Anne de Nyélé, seconde femme de Gilles, mourut en 1637, âgée de vingt-huit ans, alors que Boileau n'avait encore que dix-huit mois.

— 12. Son père mourut vingt ans après sa mère.

— 21-22. Racine et Boileau furent nommés historiographes au mois d'octobre 1677.

— 25-26. ...*de deux sens affoibli, retiré de la Cour*. Sa vue baissoit, et il devenoit sourd. Il avoit quitté la Cour dès l'année 1692, et n'y reparut que pour annoncer au Roi la mort de Racine.

232, 1-2. A Auteüil. *Val.* — Il y reçut souvent d'Aguesseau, Pontchartrain, le duc de Bourbon, le prince de Conti, etc.

— 6-7. Les PP. Bourdaloue, Bouhours, Rapin, Gaillard, l'abbé d'Olivet, etc.

— 10. Monsieur Arnauld a fait une dissertation où il me justifie contre mes censeurs. *Val.*

— 13. *L'Hydaspe,* Fleuve des Indes. *Val.*

233. Epistre XI, composée en 1696. — Le jardinier de Boileau se nommait Antoine Riquet ou Riquié; Boileau le trouva dans la maison d'Auteuil lorsqu'il l'acheta en 1685 et le garda.

— 6. La Quintinie, célèbre directeur des jardins du Roy. *Val.* — Jean de la Quintinie est le créateur du célèbre potager de Versailles. Son livre : *Instruction pour les jardins fruitiers et potagers,* qui eut plusieurs éditions, ne fut publié qu'après sa mort, Paris, 1690, 2 vol. in-4°.

234, 10-12. Var. :

Que ton maistre est *gagé* pour *mettre* par escrit
Les faits *de ce grand Roy vanté pour sa* vaillance
Plus qu'*Ogier le Danois ni Pierre de Provence.*

— 16. Var. :

Que ce grand *écrivain* des *exploits* d'Alexandre.

— 23-24. Var. :

Sous ces arbres pourtant de *vaines reveries*
Il n'iroit point troubler *les moineaux et les pies.*

235, 16. Daguesseau, alors avocat general et maintenant procureur general. *Val.* — Il fut nommé chancelier par le régent en 1717. — Roger de Pardaillan de Gondrin, marquis de Termes.

— 17-18. Var. :

Et qui pût contenter, en paroissant au jour,
Daguesseau dans la ville, et Termes à la Cour.

236, 8. Les Muses. *Val.*

236, 15-16. Var. :

    Sans cesse, *nuit et jour*, ces *desolantes* fées
    De travaux importuns agitent les Orphées.

237, 9-10. Var. :

    La goutte aux doigts nouez, la pierre, la gravelle,
    D'ignorans medecins, encor plus facheux qu'elle.

— 10. Pierre Rainssant, de Reims, médecin, antiquaire et garde des médailles de Sa Majesté. — Nicolas Brayer était renommé à la fois pour son habileté pratique et pour sa bienfaisance.

— 23. Var. :

    Et l'autre *qu'en Dieu seul on trouve son repos.*

238, 6. Var. :

    Et ces fleurs qui là-bas, *je crois, s'entredemandent...*

239. Epistre XII, composée pendant le carême de 1695. — Eusèbe Renaudot, fils de Théophraste, le fondateur de la *Gazette de France*, prieur de Frossay en Bretagne et de Saint-Christophe de Chateaufort, de l'Académie française et de l'académie des Inscriptions, orientaliste et théologien, a publié de nombreux ouvrages et était fort lié avec Boileau et avec tous les beaux esprits de son temps. Ses manuscrits orientaux sont maintenant à la Bibliothèque nationale.

240, 16-17. Il a paru de l'Épître XII une édition frauduleuse sous le titre de : *Poëme sur l'Amour de Dieu, à un abbé*, in-12 de douze pages, sans titre, lieu ni date ; nous en désignerons ainsi les variantes : Var., éd. fraud.

    Puis va recevoir Dieu sans amour, sans transport ;
    Dans l'auteur de la vie il rencontre la mort.

240-241, 26, 1. Var., éd. fraud. :

    Qui, pleins *d'une trompeuse et fausse scolastique,*
    Vous figurez qu'en vous *un charme specifique...*

242, 2-6. Var., éd. fraud. :

    Heretique impudent, nier que dans l'hostie
    La substance du pain en chair soit convertie ;

De l'essence divine attaquer l'unité,
Publier qu'il n'est pas au ciel de Trinité,
Et croire l'âme en nous mortelle et perissable,
Que d'oser soutenir ce dogme abominable.

242, 22-25. Quietistes dont les erreurs ont esté condamnées par les papes Innocent XI et Innocent XII. *Val.*

243, 8-9. Var. :

Ecoutez la leçon que luy-mesme il nous donne
« *Qui m'aime? C'est celuy qui fait ce que j'ordonne.* »

— 8-9. Après avoir cité ces deux vers, Voltaire ajoute : « Ce qu'on a écrit de plus sensé sur cette controverse mystique se trouve peut-être dans la satire de Boileau sur l'amour de Dieu... » *Dict. philosophique*, article : *Amour de Dieu*.

245, 19. Abely, auteur de la *Mouëlle théologique*, qui soutient la fausse attrition par les raisons refutées dans cette epistre. *Val.* — Louis Abelly, docteur en théologie de la Faculté de Paris, curé de Saint-Josse, fort habile dans la direction. Anne d'Autriche le fit nommer évêque de Rodez ; il permuta bientôt son évêché contre un bénéfice simple et se retira à Saint-Lazare. Il avait été confesseur du cardina Mazarin et a publié de nombreux ouvrages exclusivemen théologiques.

246, 7. Philippe de Gamaches, abbé de Saint-Julien de Tours, docteur et professeur de Sorbonne. — Nicolas Isambert, célèbre docteur et professeur de Sorbonne. — André Duval, docteur et professeur en théologie à la Sorbonne, doyen de la Faculté de théologie. — Tous les trois ont publié des ouvrages de théologie.

— 22. *Leur plus rigide auteur*. Brossette dit qu'il est ici question de Jean Burlugay, docteur en théologie de la Faculté de Paris, prêtre du diocèse de Sens. L'indication de Brossette est au moins douteuse.

247, 3. *Un d'entre-eux*, le P. Timoléon Cheminais de Montaigu, prédicateur distingué. Une lettre inédite de l'abbé Dubos du 12 janvier 1698 et une lettre de Mme de Sévigné du 15 de janvier 1690, racontent toute cette histoire arrivée à Bâville.

248, 1. Le Concile de Trente. *Val.* — Probablement, Sess. vi, C. xiv.

— 20. Binsfeld et Basile Ponce, deux deffenseurs de la fausse attrition. Le premier estoit chanoine de Treves, et l'autre estoit de l'ordre de Saint-Augustin. *Val.*

— 21-22. Var., éd. fraud. :
Courut chez Tambourin et chés Basile Ponce
Chercher à mes raisons, je crois, quelque responce.

TABLE

TABLE

	Pages.
Introduction	1
Préface.	1
Discours au Roi	13
Satire I	21
— II. A M. de Moliere.	28
— III	33
— IV. A M. l'abbé Le Vayer	43
— V. A M. le marquis de Dangeau	49
— VI	55
— VII	61
— VIII. A M. Claude Morel	66
— IX	79
Au Lecteur	93
Satire X	97
— XI. A M. de Valincour	127
Discours de l'auteur sur la Satire XII	137
Satire XII. Sur l'Equivoque	145

TABLE

	Pages.
Epistre I. Au Roy	161
— II. A M. l'abbé Des Roches	169
— III. A M. Arnaud	172
— IV. Au Roy	177
— V. A M. de Guilleragues	185
— VI. A M. de Lamoignon	192
— VII. A M. Racine	200
— VIII. Au Roy	205
— IX. A M. le marquis de Seignelay	210
Préface des Epistres nouvelles	221
Epistre X. A mes Vers	227
— XI. A mon Jardinier	233
— XII. Sur l'Amour de Dieu	239
Notes et Variantes	251

A PARIS

DES PRESSES DE D. JOUAUST

Imprimeur breveté

338, rue Saint-Honoré

NOUVELLE BIBLIOTHÈQUE CLASSIQUE

Nous avons voulu, par la publication de la *Nouvelle Bibliothèque classique*, rendre nos éditions de luxe accessibles à un plus grand nombre d'amateurs. Pour les mêmes prix que ceux de la librairie courante, nous donnons des volumes exécutés dans les meilleures conditions de luxe typographique. Seulement, pour obtenir ce résultat nous adoptons une composition moins compacte, et, afin de ne pas multiplier outre mesure le nombre de nos volumes, nous faisons dans les auteurs classiques un choix se composant de ce qu'on lit ordinairement et de ce qui mérite véritablement d'être lu. — C'est donc aux *lecteurs* que s'adresse notre nouvelle collection, dont le programme peut se résumer dans ces quelques mots : *donner des œuvres à lire, dans des volumes lisibles.*

Les écrivains français, du XVe au XVIIIe siècle inclusivement, se trouveront représentés dans la nouvelle collection par tout ce qui doit composer, à notre époque, la bibliothèque d'un lettré. Mais nous ne nous sommes pas cru dans l'obligation de débuter par ce qu'on appelle spécialement les *grands auteurs*. Il nous a semblé plus intéressant de donner d'abord et les auteurs qui ont été réimprimés le moins souvent, et ceux dont les dernières éditions sont presque épuisées. Mais les acheteurs de la *Nouvelle Bibliothèque classique* peuvent tenir pour certain que Rabelais, Montaigne, Corneille, Molière, La Fontaine, La Bruyère, et autres écrivains du même rang, ne tarderont pas à y prendre place.

Nous nous en sommes tenus, pour le choix des textes, aux errements de nos collections précédentes : l'édition que nous réimprimons est la dernière publiée du vivant de l'auteur, quand il n'existe pas des raisons majeures de donner la préférence à une autre.

Outre le tirage ordinaire à 3 fr. le volume, nous avons fait un tirage numéroté, de 500 exemplaires sur papier de Hollande (à 5 fr.), et de 30 sur pap. de Chine et 30 sur pap. Whatman (à 10 fr.).

Aux amateurs du GRAND PAPIER nous offrons un *tirage spécial*, format in-8º, de 170 exemplaires sur pap. de Hollande (à 20 fr.), 15 sur pap. de Chine et 15 sur pap. Whatman (à 35 fr.). avec couvertures repliées. Ce tirage est orné des PORTRAITS des auteurs publiés, *que contiennent seuls les exemplaires en grand papier.*

En vente : REGNIER, 1 vol. — MONTESQUIEU, *Grandeur et décadence des Romains*, 1 vol. — BOILEAU, tome I. — HAMILTON, *Mémoires de Grammont*, 1 vol.

Sous presse : BOILEAU, tome II. — *Satyre Ménippée*, 1 vol. — REGNARD, *Théâtre*, 2 vol. — Etc.

www.ingramcontent.com/pod-product-compliance
Lightning Source LLC
Chambersburg PA
CBHW070528160426
43199CB00014B/2224